弁護士
谷原 誠
Makoto Tanihara

人生を変える「質問力」の教え

思考を深めて、人を動かし、最高の結果を出す方法

WAVE出版

はじめに

「なぜ、確実に成功する方法を取る人が少ないのか、ご存じですか？」

本書は、ビジネス書です。そして、物語です。
物語を読み進めることによって、「質問力」を身につけられるように工夫して書きました。

一般的に、質問というのは、自分が知らないことを他人から教えてもらう、という意味で使うと思います。
しかし、本書では、それだけでなく、質問で他人を説得したり、さらには、自分に対して質問をすることで自分を変えていく、という方法も入れてあります。

ところで、質問力の不思議なパワーをご存じでしょうか？
冒頭の質問を、もう一度繰り返します。

「なぜ、確実に成功する方法を取る人が少ないのか、ご存じですか？」

この質問は、あなたに〝ある方向〟で考えて頂くために細工をしてあります。
どういう方向で考えてほしいかというと、

「確実に成功する方法を取る人は少ないのか……。それはなぜだろう？」

という方向です。
実際、あなたもそう考えませんでしたか？

でも、よく考えてみてください。
そもそも、確実に成功する方法というのがあるのでしょうか？
言われて気づかれた方も多いと思いますが、「確実に成功する方法などない」と考えた人は少ないのではないでしょうか。

このような質問を「誘導質問」と言います。

表向きには質問の形式を取っていながら、その質問の前提として、人の思考を方向づける内容を入れておき、質問された人の思考の方向性をコントロールしてしまう、というテクニックです。

まず「ご存じですか?」という質問なので、答えは、「知っている」か「知らない」かということになります。

ここで「知っている」と言えば、「確実に成功する方法があるが、その方法を採用している人が少ないことを知っている」という意味になります。

逆に「知らない」と言えば「確実に成功する方法があるが、その方法を採用している人が少ないことは知らない」という意味になるでしょう。

結局は〝確実に成功する方法があること〟を、なんとなく認めているような雰囲気になってしまうのです。

なぜ、このように思考が方向づけられてしまうのか?

それについては、本書をお読み頂ければご理解くださると思います。

私は、弁護士として、数多くの依頼者から依頼を受け、あるときは相手と交渉し、またあるときは裁判で戦って、様々な事件を解決してきました。

その過程で、質問の大切さに気づき、何冊も質問力の本を書いています。

本書の主人公は、弁護士になりたての若者ですが、たまたま弁護士という職業を選んだだけのことです。職種や年齢、もちろん性別も問わず、他の全ての人に通用する内容にしてあります。


本書は、メンターが主人公に教えを授けるというストーリーで、主人公が質問力を身につけ、成長していくという物語です。

ぜひ、主人公が質問力を身につけて人生を変えたのと同じように、あなたの人生も変えられることを願っています。

谷原　誠

人生を変える「質問力」の教え

目次

第1章 相手と自分の思考をコントロールする

第2章 思いのままに相手から情報を得る

第3章 質問で相手の自尊心を満たす

第4章 質問する側になって議論を制する

第5章 交渉にも質問を駆使する

第6章 質問で相手の価値観を変える

第7章 過労交通事故裁判に質問力で挑む

人生を変える「質問力」の教え

序章　質問力で人生は変わるのか

新人弁護士の現実

「お弁当は温めますか？」

「……」

若い男はイヤホンをつけたままスマホを見ている。僕は声を張って、もう一度聞いた。

「お弁当は温めますか？」

「は？　ああ、あっためなくていいから早くして」

イラついたように返事をして、男は支払いを済ませ出ていった。僕はため息をついた。

近くにある大学の学生だろう。

法学部に入り、弁護士になるという夢を抱いて、司法試験の勉強に励んでいた自分の学生時代を思った。勉強は大変だったけれど、将来への希望と、自分は価値のある人間だという根拠のない自信を持っていた。26歳になった今、現実は僕の思い描いていたものと全く違っていた。弁護士になるという夢がやっと叶ったというのに。

そう、僕に弁護士だ。

日本の司法制度は遅れているといわれている。アメリカのように弁護士の数を増やせと、司法試験の制度が大きく変わったお陰で、弁護士の数は増えた。けれど、国が想定したほど弁護士の需要は増えなかった。

そのせいで、僕のように食い扶持《ぶち》に困る弁護士が増えたというわけだ。だから今、学生時代から続けているコンビニのバイトの給料が、弁護士になった僕の主な収入源なのだ。

弁護士になれば、今までの自分のあまりパッとしない人生も、リセットされるような気がしていた。田舎の普通の家庭で普通に育ち、大学に入って上京した普通の人間。これといった特技も思想もない。いつも自分に自信がなかった。

そんな中で、唯一やり遂げたと思われる最大の成果が司法試験だった。試験に受かって弁護士になれば、僕も何者かになれる。周りからも一目置かれ、ばりばり仕事をして金を稼ぎ、親孝行をして、いい家に住んで、家庭を持って、人からうらやましがられるような成功者になる……そんなことを夢見ていた。

だが、実際は、司法試験に合格して司法修習を終えても、自分を雇ってくれる法律事務所すら見つけられなかった。面接はたくさん受けたが、結果は不採用だった。

仕方なく、今住んでいる家賃5万円の古いアパートを事務所として登録し、弁護士として開業することにした。自宅開業というやつだ。弁護士と名乗れるようにはなったものの、僕みたいな駆け出しで経験もコネもない若造に、当然ながら依頼はほとんどこない。

ワンコインでちょっとした法律相談にメールで答えるインターネットサイトに登録をしたが、報酬は雀の涙ほどだ。

弁護士会の法律相談会などに登録もし、何度か面談相談も受けたが、**法律知識の問題以前に、相談者との話し方や、コミュニケーションの取り方がわからず、依頼をもらうまでに話を持っていくことができなかった。**元々、僕は社交的なほうではないし、初対面の人と話したりするのも苦手だった。

僕がうまくいかないのは司法制度改革のせいだ。試験に受かっても活躍できない弁護士をたくさん作ってしまったのは国のせいだ。そう考えることで自分を慰めながら、休憩室で一人、期限切れ廃棄の弁当を食べ、自転車に乗って家に帰った。

家でネットサーフィンをしていると、涼子が帰ってきた。

武石《たけいし》涼子とは学生時代、友人に誘われて行った飲み会で出会った。まっすぐに伸びた艶のある黒髪に黒目がちな瞳が印象的で、アジアンビューティーな子だなと気になっていた。福祉系の大学に通っていた涼子は、去年大学を卒業した後、都内の病院で看護師として働いていた。看護の仕事は夜勤などもあり大変そうだったが、明るく快活な彼女は同僚や患者からも慕われているようだった。つき合い始めて3年経った今は、お互いの親も公認で一緒に暮らすようになっていた。

「今日は職場でね……」

手早く作ったスパゲティを食べながら、涼子が楽しそうに話している。涼子は細身のくせに、僕の2倍くらいの量を食べる。おいしいものを食べているときに幸せを感じるという本人の言葉通り、見ている僕が思わず微笑んでしまうくらい幸せそうだ。

しかし、今日はそんな涼子の姿を見ても気が晴れなかった。むしろ、仕事も充実して満足そうに日々を送っている彼女を見て、ますます気が滅入った。

「疲れたから、先寝る」言葉少なに僕はベッドに入り、彼女に背を向けた。

4月に入ったとはいえ、まだまだ夜の風は冷たい。赤坂見附の街は、仕事帰りに飲みに行こうとするサラリーマンやOLで賑わっていた。新しそうなスーツがまだ体になじんでいないように見えるのは、今月入社したばかりの新入社員だろう。そういう僕も、まだ着慣れているとは言い難いスーツを着ていた。1月に弁護士として開業するにあたって購入したのだが、自宅開業で仕事がほとんどないため、スーツの出番は弁護士会の法律相談に行くときくらいだ。友人の飲み会に、わざわざそのスーツを着てきたのは僕の見栄だ。木下、大橋、上杉とは学生時代からの友人で、会社法のゼミ仲間だ。

僕が法科大学に進学したころ、彼らはそれぞれそつなく大手の証券会社や広告代理店、銀行に就職していた。試験勉強中はなかなか会うこともなかったが、僕が合格して司法修習を終了して弁護士になったと知り、久しぶりに集まろうと声を掛けてくれたのだ。

気持ちはありがたかったが、正直あまり乗り気ではなかった。新卒で就職した彼らは、もう社会人5年目になる。駆け出しの弁護士で、しかも仕事もない僕は、彼らと会えば引け目を感じるであろうことはわかっていた。

「健吾《けんご》の合格を祝して。乾杯！」

「乾杯！」

「ありがとう」

「弁護士なんてすごいよなー」

「そんなことないよ」謙遜《けんそん》ではない。ビールが苦く感じる。

「みんな仕事はどう？」

「ニューヨークに行かされたりパリに行かされたり、酷使《こくし》させられてるよ」

「うちも部長が人使い荒くて大変だよ」

「みんな同じようなもんだよ。俺は早く本社に行きたいな」

そんな友人達の会話を聞き流していた。

「この間、合コンで法律事務所の秘書やってるって子に会ったけど、結構かわいかったよ。健吾も、せっかく弁護士になったんだから、かわいい秘書とか雇っちゃえば？」

「はは、それもいいな」

そんな冗談に笑いながら答えている自分に、もはや苛立ちを覚える気力すらなかった。

彼らに悪気がないのはわかっている。だからこそ余計に自分がみじめに思えた。

「もっとうまい酒が飲みたくないか？　いいバーがあるんだぜ」

木下がそう言い、向かったのは高級そうなバーだった。1杯1500円？　コンビニの時給より高い。木下はいつもこんな店で飲んでいるのか。何を注文していいのかもわからなかったので、僕は木下と同じウイスキーを注文した。

「あっちのテーブルにかわいい子達いるから、声掛けてみない？」

隅のテーブルで、女子会をしているらしい女性3人のほうを見て大橋が言った。

「お、ほんとだ。行ってみるか」木下と上杉も乗り気だ。

「俺はいいよ。なんか今日は静かに飲みたい気分。3人で行ってくればいいよ」

「そうか？　まあ健吾は彼女一筋だもんなぁ」

涼子のことを知っている彼らは、そう言ってからかうように笑った。社交的で褒め上手な大橋がうまく女の子達の気を引いたようで、みんなで楽し気に話している。

「あの子達とダーツバーに行くことになったんだけど、健吾はどうする？」

しばらくすると、上杉が言いに来た。

「俺はまだここで飲んでるからいいよ」

「そうか。わかった。また飲み行こうな」

そう言いながら僕の肩をポンと励ますように叩く。みんな勘のいい奴らだったから、僕のみじめな気持ちも薄々気づいていたのかもしれない。

彼らが女の子達を連れて出ていく。僕は半ばヤケになってウイスキーをあおった。

「質問力」で成功を収めた弁護士

一人になり、改めてゆっくり店内を見渡していると、カウンターで一人飲んでいる恰幅《かっぷく》のいい男性に目が留まった。

高級そうなピンストライプのダークスーツに、ブルーのネクタイを締めている。年は、40代だろうか。日焼けした精悍《せいかん》な顔立ちは、いかにも仕事ができそうな印象だ。バーテンダーとは顔なじみらしく、穏やかに話をしている。常連なのだろう。

どこかで見覚えがある顔だと思っていたら、弁護士の清水茂先生だと気づいた。

清水弁護士は、リーガルスター法律事務所のボス弁護士で、金融法務の専門家だ。的確なコメントとスマートな容姿でテレビの解説などにも引っ張りだこで、雑誌や新聞にもコメントが載っていたりする。尋問技術に関する本も書いていて、僕は司法試験に受かって司法修習の期間に、弁護士としての仕事に役立ちそうな彼の本を読み、彼のような弁護士になりたいと思ったのだった。


ヤケ酒を飲みすぎたせいと、期せずして憧れている人に会った嬉しさから、僕は恥ずかしさを感じる前に思わず立ち上がって彼のところへ向かい、話しかけていた。

「あの、弁護士の清水先生ですよね？」

「そうだけど。君は？」

「いきなりすみません！　弁護士の神澤《かんざわ》健吾と申します！　清水先生の本を読んで感銘《かんめい》を

受けました！　今年、弁護士登録をしたばかりです！　よろしくお願いします！」

場にそぐわない学生の面接みたいな自己紹介をしてしまった後で、急に理性と恥ずかしさが戻ってきた。僕は顔が熱くなるのを感じ、下を向いた。恐る恐る顔を上げると、意外にも清水弁護士は、笑みを浮かべながら興味深そうに僕を見ていた。

「同業者だったんだね。君がよければ、ここで一緒に飲まない？　先輩として、好きなものをおごるよ」

「あ、ありがとうございます！」

僕は嬉しさと緊張とで、はやる鼓動を抑えながら清水弁護士の隣に座った。


「マスター、マーティニおかわりで。君は何にする？」

「同じものでお願いします」

清水弁護士は微笑んで僕の分も頼んでくれた。

「君は、マティーニじゃないか、と思っているんだろう？　でも、僕が好きな作家の開高健は、短編にマーティニと書いていて、僕は中学生のころ、それを読んでこのカクテルを知ったから、僕の中ではマーティニなんだ。英語の発音も、それに近い。『研《と》ぎたてのナイフの刃のような一杯』っていう表現が、本当においしそうに感じてね。大人になって酒を飲めるようになってから、色々な店でマーティニを頼んだけれど、バーテンダーによって全く味が違うんだ。そして、ここのマスターが作るマーティニは絶品なんだよ」

会ったばかりの僕に屈託《くったく》なくそんな話をしてくれる彼は、とても自然体でくつろいで見えて、僕に居心地の悪さを全く感じさせなかった。

初めて飲んだマーティニは、アルコールの強さに驚いたが、ハッとするほどきりっとしていて、それまでの自分の倦《う》んだ気持ちを浄化してくれるようだった。

「君は、さっきかわいい女の子達と出て行った彼らと友達なんだろう？」

「え、見ていたんですか？」

「他人のことを観察してしまう癖があるんだ。職業柄か。いや、これは性分だな」

彼は笑って続けた。「どうして、一緒に行かなかったの？　僕だったら、一人でここに残るより、女の子達と飲みたいけどね」

「とても、今日はそんな気分にはなれなかったんです。友人達と違って、僕は仕事がうまくいっていないし」

「なるほど。さっき、弁護士になりたてだと言ったね。自分で事務所をやってるの？」

僕は答えた。**清水弁護士が次々と繰り出す質問に導かれて、僕は話し続けた。**先ほど友達といたときに感じていたことまで喋ってしまった後で、喋りすぎたと後悔した。

「すみません。僕の話ばかり。**こんなに自分の話をしてしまったのは初めてです。**しかも、くだらない愚痴ばかりで情けない。先生の大事な時間をとらせてしまいました」

「いいや、とても興味深かったよ。君は若いころの僕と似ている気がするからね」

言われて驚いた。目の前の、自信と魅力に溢れているこの男性が、自分と似ていたなんて……そんなことあるわけない。

「全然似てないです。僕は先生みたいな成功者にはきっとなれません。元々が違うんですよ。僕は情けない人間です。なんでこんなこと話しちゃったんだろう?」

頭を抱えた僕に、清水弁護士は優しく言った。


「**君が僕にたくさん話したのは、君の話を引き出すような質問を僕がしたからだ。**君が僕を成功者というなら、僕の成功の秘訣《ひけつ》はまさにそこにあると言えるだろう。僕は自分のメンターと言うべき人から、質問力とでも言うべき力を教えてもらってから、自分を変え、人生を変えていくことができたんだ」

質問力? それで自分を変えることができる? 清水弁護士のようになることができる? 僕は藁《わら》にもすがる思いで聞いた。

「僕も、その人からその質問力を教えてもらうことはできますか？」

彼はまた微笑んだ。

「彼を君に紹介することはできる。けれど、彼が君に教えてくれるかどうかは彼次第だ。いや、君次第とも言えるかな。まずはここに行ってみるといい」

そう言って清水弁護士は、自分の名刺の後ろに、「タカさん」というニックネームらしい名前と電話番号を書いて渡してくれた。

「君と会えて楽しかったよ。また会おう」

タカさんとの出会い

翌日、僕は酷《ひど》い二日酔いの中で目を覚ました。

涼子はとっくに出勤していた。シャワーを浴びてコーヒーを2杯飲むと、やっとまともな気分になってきた。頭が冴えてくると、昨夜、清水弁護士と話した会話が蘇った。

清水弁護士からもらった名刺を取り出し、書かれた名前と電話番号を見つめていると、早く行動を起こしたいという高揚感《こうようかん》を覚えた。今日は土曜日で、バイトの予定もない。僕は思い切って、書かれている番号に電話を掛けた。番号からすると固定電話のようだ。

「はい、プラチナスポーツクラブでございます」

ワンコールで、すぐに上品そうな声の女性が出た。

スポーツクラブ？　番号を押し間違えたのかとも思ったが、とりあえず名を名乗り「清水茂弁護士の紹介で、タカさんにお会いしたくてお電話しました」と言った。

「確認いたしますので少々お待ちくださいませ」

番号は合っていた。それにしてもスポーツクラブとは？　タカさんはスポーツクラブの経営者か何かなのだろうか？「タカ」というのが名字なのか、名前なのかもわからなかった。

すぐに女性が戻り「タカは本日の15時でしたらお会いできると申しておりますが、そのころにお越し頂くことは可能でしょうか？」と言った。

僕が15時に伺うと言うと、住所と道順を教えてくれた。


日差しが暖かく感じられる気持ちのいい日だった。

電話で教えてもらった通り、外苑前駅で電車を降り、青山通りを表参道の方向に歩いた。シャレたインテリアショップの角を右折して、やや狭い路地を1本入ったところの突き当たりに、ガラス張りの立派な建物があった。ガラスの扉には「プラチナスポーツクラブ」と書いてあった。外観からして高級そうなジムだ。

やや緊張しながら扉を開ける。受付にいた黒いスーツを着て髪をアップにした背の高い綺麗な女性が「いらっしゃいませ」と笑顔で迎えてくれた。電話で話した女性だろうか。

「お電話した神澤です」

「神澤様、お待ちいたしておりました」彼女はにこやかに奥のラウンジのような場所に僕を案内し、「こちらでお待ちください。タカは間もなく参ります」と言った。

「待たせたね」

きびきびした動作で、背が高くがっしりした体格の男性が部屋に入ってきた。年は50代半ばくらいだろうか、短髪をオールバックにまとめ、彫《ほ》りの深い顔立ちに意志の強そうな目が印象的だ。外国の血が入っているのかもしれない。ぴったりとしたトレーニングウェアを着ているため、硬くしまった腕の筋肉と厚い胸板に目が行く。

「初めまして。弁護士の清水茂先生から紹介されてきました。神澤健吾と申します」

「リアム・タカユキ・ジョーンズだ。祖父がアメリカ人でね。私のことはタカと呼んでくれ。君のことは清水君からメールがあった。私から教えを受けたいってね」

「はい。**あなたから質問力というものを教わって人生を変えることができた、**と清水先生がおっしゃっていました。僕も自分の人生を変えて成功したいと思ったんです。僕にも質問力を教えて頂けますか?」

短い沈黙の後、ジッと僕の目を見つめながら彼は言った。

「まず、君に一つ言っておく。時間は人生において、何より大切なものだ。私は常々、自分の時間を1秒たりともムダに使いたくないと思っている。私はコンサルティングやセミナーをして収入を得ているが、客は選ぶ。顧客には大企業のCEOやプロのスポーツ選手などもいて、おそらく君には払うのが難しいと思われる金額を支払って、私の話を聞きに来る」

僕は何も言えず黙った。やはり、彼はただのジムの経営者ではなかった。お金もないのに唐突に訪ねて成功する方法を教えてくれなんて非常識だった。

うなだれた僕を見て、彼は少し口調を和《やわ》らげて話を続けた。

「勘違いしないでほしいが、有名人だから、お金があるからという理由で、客を選んでるわけではない。大事なのはどれだけ本気かどうか、だ。お金だけじゃなく、人の成長も私にとっては報酬の一部だ。清水君が君を紹介してきたのも、彼は君に見込みがあると思ったからだろう。清水君も、昔は貧乏学生だったが、努力の末、今は知っての通り立派な人物になった」

「はい」僕は勢い込んで頷いた。

「それで、条件がある。一つは、ここのジムに入会してトレーニングをすることだ。このジムは私が作った。肉体を鍛《きた》えることで精神も鍛えられる。また、**トレーニングは日々の反省と改善が大切だが、それは、質問力を学ぶ際にもとても重要な要素だ。**君が質問力を学んで自分を変えたいというのは、言うなれば精神を鍛えることだ。だから、精神と同様に肉体も鍛えてもらいたい。ジムの会費も支払ってもらう。そして、もう一つ。**何より必要なのは、何かを犠牲にできるくらい本気で変わりたいと、君が思っているかどうかということだ。**君はそれくらい本気と言えるかい？」

僕は正直、当惑した。

ジムに入会する？　お金はどれくらい掛かるのだろうか？　犠牲を払う？　やってみてもダメだったら？　そもそも質問力を学んだだけで成功者になれるのか？　質問するだけで成功できるようになる？　清水弁護士や他の一流の人達が成功したっていっても、本当に彼のお陰なのだろうか？　元々の才能では？　やっぱり、僕には無理なんじゃないだろうか？

そんな疑問が次々に浮かび、答えに窮《きゅう》している僕の顔を見つめて、彼は言った。

「君は変わりたいと言うけど、本当はこのままでいいと思っているんじゃないかな。人は自分で考えたような人間になる。今の君は、君がなりたいと思った結果だ。**君は変わりたいと口では言ってても、内心は変わるのなんて無理だと思ってるんじゃないかな。**それでは、とても本気とは言えない。そんな君に、私は自分の時間を使うわけにはいかない」

何も言い返せなかった。静かな口調だけに、その辛辣《しんらつ》な言葉は胸に刺さった。実際、彼の言う通りのような気がした。人間はそんな簡単に変われない。僕は変われない。

時間を作ってくれたお礼を述べ、僕はすっかり落ち込んでジムを後にした。

祖父の死

数日後の早朝、寝ている僕の枕元にあった携帯が鳴った。栃木の実家にいる母からだった。母は子供のように泣いていた。

「おじいちゃんが……死んじゃった」

祖父は半年ほど前から老人ホームに入居していた。自宅で転んで骨折してから、自力で歩くことが困難になり、祖母だけでは介助することが難しくなってしまったためだ。それでも、頭はいたってしっかりしていたし、こんな急な別れになるとは想像していなかった。

原因は誤嚥性肺炎《ごえんせいはいえん》というものだという。食べ物などが気道から肺へ入ってしまうことによって起こる肺炎で、食べ物を飲み下す力が弱まっている高齢者がなりやすいらしい。

長年、学校の教師をしていた祖父は、寡黙《かもく》で厳格な人だった。子どものころは、そんな祖父を近よりがたく感じていたこともあった。

それでも、僕が成人式を迎えた後は、祖父の家に遊びに行くと、「飲むか?」と祖父の好きな日本酒を勧めてくれるようになった。大人の仲間入りをしたようで嬉しかったのを覚えている。

それからは、たまに遊びに行ったときは一緒に日本酒を飲むようになった。「変わりないか?」と祖父が聞き、僕が近況を報告すると、「そうか」と頷く祖父。言葉は少ないながら、そんな時間が好きだった。

最後に、ちゃんと話をしたのはいつだっただろうか? すぐに思い出せない自分が悲しかった。

こんなことになるのなら、もっともっと祖父と話をすればよかった。後悔しても遅い。

通夜、お葬式を終えた後も、しばらく実家に滞在することにした。

「おじいちゃんねぇ、毎日日記をつけてたみたいなんだわ。悪いかなぁと思ったけど、まあ許してくれるでしょ、と思っておばあちゃん、日記読んじゃった」

いたずらっぽい笑みを浮かべて祖母が話し出したのは、お葬式から1週間後のことだった。

「そうなんだ。何が書いてあったの?」

祖母が少し元気になってきたようで、嬉しくなって僕は聞いた。

「大体はその日の出来事とかだけだけどね。健吾のことも書いてあるよ。ほら」

そう言って祖母が開いてくれたページには、書道を嗜《たしな》んでいた祖父の達筆な字で、こんなことが書いてあった。


『健吾来る。孫と晩酌《ばんしゃく》できる日が来ようとは。感慨《かんがい》深い』

『健吾と酒を飲みたいが、我慢。司法試験合格祈願しつつ一人晩酌』

『健吾が司法試験に合格した。涙が出るほど嬉しかった。前途《ぜんと》洋々《ようよう》たる未来に幸多きことを願う』


「おじいちゃん、健吾が弁護士になったのが、よっぽど嬉しかったんだねえ」

祖母が微笑みを浮かべながらしみじみと言った。僕は溢《あふ》れ出す涙を祖母に見られないように横を向いた。ともすれば嗚咽《おえつ》が漏れそうになるのを必死でこらえた。

その夜、僕は改めて自分の人生について考えていた。

弁護士になれば、何かが変わる、自分は新しい人間に生まれ変われるとなんとなく思い、それを願っていた。けれど、何も変わらないという現実に打ちのめされていた。

愚痴を言ったり、人をねたんだり、弁護士になったことを後悔したり……。そんな自分が情けなくて嫌いだった。

こんな自分の本当の姿を知ったら、祖父はどれほどがっかりするだろう?

祖父だけではない。弁護士になるため、法科大学院や予備校に行きたいと言う僕に、家計にそれほど余裕があるわけではない中、頑張りなさいと快くお金を出してくれた両親。いつも僕の体を気遣ってくれる祖母。学生時代からそばにいて、ともすれば弱気になりがちな僕を、きっと合格できるから大丈夫と励ましてくれていた涼子。

僕を支えてくれた人達、僕の大切に思う人達に、そして何よりも、自分自身に恥じない生き方がしたい。心の底からそう思った。

翌日、僕は東京に戻ることにした。あの人にまた会うために。

第1章　相手と自分の思考をコントロールする

筋トレと質問力レッスンがスタート

5月だというのに、真夏のように暑い日だった。僕はプラチナスポーツクラブのラウンジにいた。前回と同じように、トレーニングウエア姿のタカさんが入ってきた。

「よく来たね」彼は言い、僕がこれから話すことをまるでわかっているかのような、温かい眼差しで僕を見た。

その目をまっすぐ見つめ返し、僕は自分の気持ちの変化と決意を話し、最後にこう言った。

「僕は本気で変わりたいです。どんな犠牲も払います。教えてください」

黙って聞いていた彼は「本気の目になったな」と言って頷くと、話を続けた。

「わかった。教えてあげよう。まずはトレーニングからだな。早速、今日からやろう」

僕はスポーツジムの入会手続を済ませ、貸出のウエアを着てジムスペースに行った。自分の筋肉のない細い体が恥ずかしかった。

軽いストレッチを一緒にやった後、タカさんが言った。

「筋トレは、やったからといって、すぐに筋肉がつくものじゃない。地道に続けていって、少しずつ少しずつしか筋肉はついていかない。**質問力も同じで、学び、試して、失敗していうのを繰り返して少しずつ向上していくものだ**」

「わかりました」

「では、トレーニングの代表的なスクワットからやってみよう。まずは、何も持たずにフォームを身につけることが重要だ。何事も一気に身につけることはできない。全ての物事は、基本をしっかり身につけることが重要だと知ってほしい。最初は私がやってみる」

そう言って彼は、両手を後頭部で組み、足を肩幅に開いて、ゆっくりと、フォームで気をつける点を説明しながら、しゃがんだり、立ったりを繰り返した。

「さあ、やってみて」

僕は見た通りにやってみた。だが……。

「背中が丸まっている。それでは、バーベルを担いだときに、腰を痛めてしまうよ。背中は伸ばして行うことが重要だ。**一つ一つのポイントを意識しつつ丁寧に行うことが大切な**

んだ。そのうち、意識しなくても自然にできるようになる。君がこれから学ぶ質問力でも同じことが言える。意識すべきことはたくさんある。日常の会話で、一つ一つのポイントを意識しつつ、質問を発することが大切だ。全てのことはつながっているんだ」

　こんな調子でみっちり1時間、彼に言われたトレーニングをこなした。終わったとき、僕は汗だくで、真っ赤な顔をして、息が上がっていた。それから彼とサウナに入り、シャワーで汗を流すと、心地よい疲労感と爽快感に包まれた。

「さあ、では、これから質問力のレッスンだ。レッスンは私のところでやろう」

ジムを出た彼についていき、タクシーを拾って向かった先は有名な高級ホテルだった。すたすたロビーを横切ってエレベーターに乗り込んだ彼に追いついて、僕は聞いた。

「もしかして、ここに住んでるんですか？」

「そうだよ。私達は仕事や旅行で色々なところに行くから、主にホテル住まいなんだ。自分の体とスーツケース一つあれば、世界中のどこにでも行ける自由と身軽さを気に入っている。まあ、しばらくは日本にいる予定だが」

　ホテルに住んでいる人がいるということに僕は驚いた。スーツケース一つでどこへでも行けるなんて、歌の歌詞だけの世界だと思っていた。そして、私達とは？

部屋のチャイムを鳴らすと、ドアが開いた。すらりと背が高く、褐色《かっしょく》の髪にブルーの目をした美しい西洋人女性が出迎え、タカさんにキスをした。

「紹介するよ。妻のエマだ」

まるで一番の宝物を見せるように、タカさんが微笑みを浮かべて言った。

「はじめまして。よろしく」

流暢《りゅうちょう》な日本語と共に、にこやかに差し出してくれた手を僕は握った。

「彼女はフランス人だが、日本が大好きなんだ」

二人は日本語とフランス語が混じった言葉で少し会話をしていた。今日の予定を確認しているようだ。それからエマさんは僕のほうに笑顔を向け、日本語で「私は出掛けるのでゆっくりしていってください」と言った。

「彼女とは、私が17歳のときに出会ったんだ。彼女は14歳だった。初めて会ったときに人生を共にする人だとわかった。それから約40年一緒にいるが、毎朝起きて隣に彼女がいるという幸福にいまだに慣れないんだ」

エマさんが出掛けると、タカさんが言った。そんなことを堂々と言える彼に気恥ずかしさは覚えなかった。素直にかっこいいと思った。そう感じさせる誠実なものがあったからだ。まだ会って2回めだというのに、僕はすっかり彼という人物に魅了されていた。

質問にはどんな力があるか？

「ではまず、質問の持つ力の話をしよう。質問にはどんな力があると思う？」

都内が一望できるホテルの部屋のソファに座って、レッスンがスタートした。

「ええと、わからないことを知ることができること、でしょうか？」

我ながらひねりのない回答だと思ったが、最初はそれくらいしか思い浮かばなかった。

「あ、人と会話するのがうまくなることも」

清水弁護士との会話を思い出して僕は言った。清水弁護士はうまく質問をして、さりげなく僕の話を引き出してくれたからだ。

「そうだ。それもある。では、君は成功するために、なぜ質問力が必要かわかるかい？」

「え？　ええと、質問力を学ぶと、人とのコミュニケーションがうまくいくようになって、それで……？」

タカさんは微笑んだ。

「今の質問で、既に君の思考は私にコントロールされているんだよ」

「え？」僕の思考がコントロールされた？

「別に質問力がなくても、成功する人はたくさんいるだろう？　人生で成功するのに、必ずしも質問力は必要ないんじゃないか？」

言われてみればそうだ。スポーツ選手やエンジニアなど、質問力がなくても成功する職業はたくさんあるだろう。でも、タカさんは、なぜこんなことを言い出すのか？

「いいかい。私は『成功するために、なぜ質問力が必要か知っているか』と質問した。そしたら君は、必要な理由を考え出した。人生で必ずしも質問力が必要とは限らないのに、君は成功するためには質問力が必要である、という前提で考えていただろう？」

「あ……」

「本来なら、まず考えることは『成功するために、はたして質問力は必要なのか？』というところから考えなければならない。そして質問力が必要だという結論にいたって初めて、なぜ必要なのかを考える。つまり、二段階で考えなければならないはずだ。けれど、私がなぜ必要かと尋ねることで、君を成功するためには質問力が必要であるという前提に立たせ、本当に必要かどうかを考えることができないようにしたんだ。結果的に、君の思考をコントロールした、ということになる」

「なるほど」

「人に物を買ってもらいたいときも、質問を有効活用する。たとえば、シャツを購入しようかどうか迷っている客に対し、優秀なセールスマンは『シャツを購入しますか？』と聞くのではなく、『白と青のどちらのシャツがお好みですか？』と聞く。そうすると、客のほうは、白と青どちらがいいかな……と考える。無意識にシャツを買うことを前提とした立場に立たされている。**これを誘導質問という。**このように、質問で自分の望むほうに相手の思考を向けることができる」

「すごいですね」

「ところで、君は今、何が食べたい？」

「え？　えーと……カレーが食べたいです」

「そうか。私もカレーは好きだ。それじゃ、君は小学生のころ、どんな子供だった？」

「友達とサッカーをすることが好きな、ごく普通の子供でした」

「最近、何か楽しいことはあったかい？」

「いえ、特にないです」

「そう。さて、もう一つの質問の力がわかったかな？」

「ええと、人に考えさせること、でしょうか？」

「そうだ。私が誘導質問の話をした後、君は質問の持つ力のことを考えていた。そのとき急に私に『何が食べたい？』と聞かれて、それまでの君の思考は中断され、食べ物のことを考えただろう？　小学生時代のことを聞かれれば当時の自分を思い浮かべただろうし、最近の楽しかったことを聞かれれば最近の自分の人生のことを考えた。君の答えと表情から察すると、最近はあまりおもしろみのない人生を送っているようだな。とにかく、私の質問によって、君の思考は振り回されたはずだ。つまり、**人は質問をされると反射的に、その質問に答えようとして思考し、考えてしまう生き物なんだ**」

「本当にそうですね」これが質問の持つ力というわけか。

「このように質問は強力なパワーを持つ。質問で相手の思考に絶大な影響を及ぼせる。質問力を鍛えれば、相手の思考を自分の思うようにコントロールできるようにもなる」

質問が持つ4つの力

「質問の力は、大きく4つある。この4つの力を知っておくことがとても重要だ」

僕は、このレッスンのために用意したノートを取り出し、メモする準備をした。

「**1つめは『質問は思考を発生させる』という力だ。**さっき、カレーの話や小学生のころの質問をしたときに使ったのがこの力だ。人は、質問をされると、その質問内容を考えてしまう性質がある。だから、人に何かを考えてほしければ、質問をすればいいわけだ」

その効果を実感した後だからか、より説得力がある。

「**2つめは『質問は思考の方向を限定する』という力だ。**さっき『君は成功するためになぜ質問力が必要かわかるかい？』と質問したのがこれだ。相手にどういう方向で考えてほしいかによって質問を変えるんだ。たとえば、何か失敗した人に『どうしてあなたはそんなにダメなの？』と質問すると、その人は自分がダメな理由を考え出す。しかし『次回うまくいくために、どこを改善したらいいと思う？』と質問すると、改善点を探し出すんだ。どういう方向で考えてもらうかは、質問の仕方次第なんだよ」

「なるほど」

「3つめは『質問は答えを強制する』という力だ。人は質問されると、そのことについて考え、とにかく何かを答えようとする。質問されて黙っているのは辛いだろう。質問には、相手に答えさせる力があるからだ」

「確かに」

「最後の4つめは、『質問に対する答えは相手を縛る』という力だ。今日このまま君と別れた場合、君は明日、ジムに行くかどうかわからない。しかし、私が『明日、ジムに行くかい？』と質問し、君が『はい』と答えた場合、ジムに行かないことは難しくなるだろう。それは、質問に対して答えることによって、自分で自分を縛ってしまうからだ」

僕は4つの力を全てメモした。

【質問が持つ4つの力】

1・質問は思考を発生させる
2・質問は思考の方向を限定する
3・質問は答えを強制する
4・質問に対する答えは相手を縛る

「質問力は、常にこの4つの力のうちの1つ、あるいは複数を組み合わせることによって発揮される。だから、この4つの力は必ず頭に入れておくように。今日は、質問力の4つの力を覚えるだけでいいだろう。質問力の基本となるものだ」

ノートのメモはどんどん増えていく。質問は、なんて強大な力を持っているんだろう。今まで考えたこともなかった。

今までは、質問というのは、自分が知らないことを相手から教えてもらうときに使うだけだと思っていた。他は、職業柄、弁護士として法廷の証人尋問で使うくらいのものだと。まさか、**質問で相手の思考や行動をコントロールしたりすることができる**とは考えもしなかった。質問は思った以上に奥が深いものだった。

慣れない筋トレでパンパンに張っている筋肉同様、僕の頭の中もパンパンになった。

質問力を鍛えて得られる6つの効果

翌朝、僕は、激しい筋肉痛の中で目を覚ました。特に脚やお尻が痛くて駅の階段を降りるのが大変だった。それでも、少しでも早く質問力を学びたいという思いが強く、夕方、早めに仕事を終えると、ジムに向かった。

ジムに着くと、ちょうどタカさんが受付のところで、誰か会員らしい人と話していた。タカさんは僕に気づくと「やあ。あまり初めからやりすぎるのもよくないから、今日は有酸素運動を30分程度でやめておくのがいいよ。終わったら待っていなさい」と言った。

僕は筋肉痛に耐えてトレーニングしなくてよいと知り、内心ホッとした。とは言うものの、ストレッチをしてランニングマシンで30分走るだけでも結構こたえた。

ランニングを終え、シャワーを浴びた後、昨日と同じようにタカさんのホテルに行き、レッスンが始まった。

「昨日は質問の持つ４つの力について話した。質問力を鍛え、この４つの力を得ることでできるようになることは、大きく言うと６つある」

僕は、彼が言った６つをノートに書いた。

【質問力を得れば次のことができる】

1・自分をコントロールする
2・思いのままに情報を得る
3・人に好かれる
4・人をその気にさせる
5・人を育てる
6・議論に強くなる

僕がこれまで生きてきて知っているのは、2の「情報を得る」という質問だけだ。あとの5つは、一体なんだろう？　特に1の「自分をコントロールする」って？　質問とは、他人にするものではないのだろうか？

自分をコントロールする質問

そんなことを考えていると、タカさんが話し始めた。

「今日学ぶのは、最初の『自分をコントロールする』についてだ。質問は思考を発生させて、答えを強制するものだと言ったね。これは他人に対してだけではない。人は他人だけなく、自分にも質問をしているものだ。どういうことかわかるか？」

「何かについて疑問に思うということでしょうか？」

「そうだ。君は今、私の質問に対して答えを考え『それは疑問に思うということだろうか？』と自分自身にも質問をしただろう。つまり、人がものを考えるということは、自分に質問をしている、ということでもある」

〝**考えるということは自分に質問をすること**〟と、僕はノートに走り書きした。

「人類は質問をし、その答えを求めることによって文明を発展させてきた。どうしたら飢えずに食べ物を得ることができるか？　なぜ太陽は動いて見えるのか？　海の向こうには何があるのか？　なぜリンゴが落ちるのか？　どうしたら速く移動することができるか？　宇宙には何があるのか？　このように自問し、その答えを探求することによって、人類はめざましい進歩を遂げた。だから、自分に対してどういう質問をするかで、自分が何をどう考えるかが決まる。これは、とても大切なことなんだ」

「なるほど」

「昨日も言ったが、『自分はどうしてこんなにダメなんだろう？』という質問を自分にすると、どんどん自分をダメにする思考になる。反対に、『次回うまくいくためには、どこを改善すればいいのだろう？』と自分に質問すると、改善点を考え始める。つまり、**自分**

に対する質問をコントロールすることで、自分の思考をコントロールすることができる、
ということだ。アインシュタインも言っている。『大切なのは質問をやめないことだ』と」

そんなこと考えもしなかった。でも、言われてみれば、その通りだった。自分のことについても『どうしてダメなんだろう？』と質問したときと、『どうしたらできるようになるだろう？』と質問したとき、考える内容と出る答えは全く違ったものになる。物事を考える方向性を作るもの、それがまさに質問なのだ。

タカさんは続けた。

「成功者に共通する行動法則がある。それは**『目標を設定し、行動を起こし、成功するまでやり抜く』**ということだ。非常にシンプルだが、著名な成功哲学の本では繰り返し述べられている真理だ。しかし、実践できる者は少ない。皆が成功者になりたいと望んでも叶わないのはそのためだ。そもそも、多くの人が目標を持たずに日々生きている。言い換えれば『君の目標は何？』と聞かれて、すぐに即答できるようでなければ、とても成功者にはなれない。では、君の目標は何かな？」

僕は焦って答える。「ええと、清水先生のように弁護士として成功することです」

「それでは、漠然《ばくぜん》としすぎていてダメだ。ただの憧れだ。目標というのは夢や憧れではない。**目標は実現可能なもので、具体的でなくちゃいけない。**具体的であればあるほど、実現可能なことであると自分の脳で受け入れることができるから、実現できる可能性が高まる。ただ、多くの人にとっての問題は、どうしたら具体的な目標を立てられるか、ということだ。具体的な目標を立てる、ということは、思っている以上に難しい」

その通りだった。自分で言っていても、成功した弁護士というものに、漠然としたイメージしか浮かばなかったからだ。

「ここで質問を使う。自分自身に質問をするんだ」

「自分に質問?」

「まずは自分に『人生で実現したいことは何か?』と質問するんだ。そして、その答えをノートに書いていく。手書きで書くということが大切だ。成功者に共通しているのは、みんな自分の目標や思いついたアイデア、考えていることを書くノートや手帳を肌身離さず持っていることだ。書くことで、漠然としていた思考がクリアになったり、書いているうちに自分でも驚くようなアイデアが出てきた、なんてことはよくある。**考えるから書くのではなく、書くから考えるんだ。**なんでもいい。思ったことをどんどん書くことに意義がある。そこから生まれるものが無限にあるんだ」

思えば、ノートや手帳には「やらなければいけないこと」や「勉強して覚えておかないといけないこと」などは書くが、自分で考えたことや疑問に思ったことを書くということはほとんどしていなかった。ちょっと疑問に思ったら、ネットで検索して「ふーん」と思ってそれで終わりか、疑問に思ったことすら忘れてしまうかどちらかだ。

書いて考える、なんだかそれは、現代の僕達にとって廃《すた》れてしまった習慣で、でも実はとても重要なことなのではないだろうか？

あ、なるほど、今のこの考え、質問をそのままノートに書いていけばいいのか！

タカさんは、まるで僕の思考の流れがわかっているかのように頷いて、話を続けた。

「今日帰ったら、そのノートに『人生で実現したいことは何か？』という質問を書き、その答えを書いていくんだ。人生で実現したいことだから、1つだけではないだろう」

「仕事のことだけでなくてもいいのですか？」

「もちろんだ。行きたい国だとか、勉強したいことだとか、親孝行したいだとか、どんな人間になりたいとか、なんでも構わない。実現したいことを思いつく限り、ただ書き出すんだ。この時点では、実現可能か、どうやって実現するかなどは考えなくていい。興味をひかれたこと、おもしろそうだと思ったこと、やってみたいと思ったことを書く」

「わかりました」

「**次の質問は『この中で最も重要な5つは何か？』というものだ。**人間の時間は有限だ。全ての目標を実現することはできない。自分が優先するいくつかの目標に絞って、それに向かって突き進む。それ以外のことに目を向けてはいけない。目標を達成するというのは、それほど難しいということだ」

「はい」

「次は、抽出した重要な5つの目標について、『いつまでにそれらを実現するか？』と質問するんだ。５つの目標について、それぞれいつまでに実現するか期限を決める。老後とか漠然としたものではなく、小さな目標であれば何カ月後、大きな目標であれば何年後というように、はっきりとわかるように書く。ただし、達成するのに何年も掛かる目標の場合には、具体的行動に落とし込みにくいので、その大目標を達成するための小さな目標を設定しておいたほうがいい」

「なるほど」

「その次の質問は『目標を達成するために、犠牲にすることは何か？　その上で、目標と犠牲のどちらを選ぶか？』だ。何かを得るには、何かを犠牲にしなければならない。それをよく肝《きも》に銘《めい》じておく必要がある。仕事で成功したいなら、そのための努力が必要だ。遊んだり、休んだりする時間が減るという犠牲が必要かもしれない。たとえば〝6カ月後にＴＯＥＩＣで９００点を取ること〟を目標にしたとしよう。そうすると、１日に相当の勉強時間を確保する必要が出てくる。そのために犠牲にすることはなんだろうか？」

「もし、僕だったら、テレビやインターネットを観たり、睡眠時間を削ったりという犠牲を払わないと、時間を確保できないと思います」

「そうだ。1日は、誰にとっても24時間しかない。その中に新しいことを入れるには、今まで確保できていた何かの時間を削らないといけなくなる。それが犠牲を払う、ということだ。その犠牲を払う覚悟を決めないと、努力を続けることはできないだろう。多くの人は、犠牲を払わないから、目標を実現できない。犠牲を払ってでも達成したい目標なのかどうかを、ここでもう一度考えるんだ。ただし、睡眠時間は犠牲にしてはいけない。睡眠時間を削ると、集中力が低下して効率が落ち、かえって目標達成の障害となるだろう」

自分が変わりたい、そのためには努力しなければいけない、とは漠然とわかってはいたが、何かを犠牲にするということまでは考えたことはなかった。

「ここまで考えて、初めて『どうやって実現するか?』と質問をする。そして『具体的にいつまでに何をするか?』『どんな人間になればいいか?』『誰の協力が必要か?』などと質問して、行動に移せるよう詰めていく。目標が大きい場合は分割して考える。ポイントは、何度も言うように〝具体的に〟ということだ。ここで5つが多いと感じたら、数を減らすことだ。1つに減ってしまってもいい。ただ、欲張ってはいけない。実現できることだけに自分の力を集中させることが大切だ」

「わかりました」

「**最後に『そのために、今すぐできることは何か？』という質問をする。**それによって、行動にコミットすることができ、目標に向けてすぐにスタートを切ることができるんだ。これら全てをノートに書き出したら、書いたノートを何度も見る。少なくとも1日1回、朝起きたときや寝る前に見るといい。アンネ・フランクのように、ノートに名前をつけたり、タイトルをつけたりするのも、愛着をわかせる方法としてはいいだろう。そのノートは、これから君が成長していくために欠かせないものになる」

僕は手にしていたノートに目をやった。

【目標達成するため、自分に質問してみる】

- 人生で実現したいことは何か？
- この中で最も重要な5つは何か？
- いつまでにそれらを実現するか？
- 目標を達成するために、犠牲にすることは何か？
- その上で、目標と犠牲のどちらを選ぶか？
- どうやって実現するか？

そのために、今すぐできることは何か?

「君が日々行動していく過程で、期限を修正したり、新たな目標を書き加えたり、逆に、犠牲を払ってまでの実現したい目標ではないと思ったら削除したり、都度修正していく。そして、常に自分の目標が何かと聞かれたら、具体的に答えられるようにしておくことだ。もし何か障害があるときも、自分に質問をする。『どうしたらこの壁をクリアできるか?』『どうしたらもっとうまくできるか?』と。答えをノートに書きながら考えていく」

「わかりました。なんだか早く取り掛かりたくなりました」

「いいことだ。他にも、実現したい目標を探す手掛かりとなる質問もあるから、これを読んで自分に質問をしながら、君の目標を決めるといい」

そう言って渡してくれた紙には、こんな質問が書いてあった。

- 1年前に戻れるとしたら何をするか?
- 必ず成功するとしたら、どんな仕事をしたいか?
- 1つ飛び抜けた能力を身につけられるとしたら、どんな能力が欲しいか?
- 今からいくらでも時間があり、眠らなくても生きられるとしたら、何を勉強したいか?

✓生まれ変わったら、どうなりたいか？
✓目標とする人は、誰か？

「今日のレッスンはこのくらいにしよう。まず君に必要なのは目標を立て、すぐに第一歩を踏み出すことだ」

「夢実現へのロードマップ」の誕生

僕は早速、家に帰ってノートを開いた。このノートは、質問力について教わったことを書くだけのノートではなく、目標を達成してよりよい人生を送るためのノートと位置づけよう。

ノートに名前をつけろと言っていたが、どうするか？

「目標達成ノート」では平凡すぎる。少し考えて「夢実現へのロードマップ」とノートの表紙に書いた。夢を現実にするためのノート。ちょっと気恥ずかしい気がするが、そんなこと気にしていられない。自分は変わるんだ。

タカさんに言われたように、やってみたいことをどんどん書いていった。どんな弁護士になりたいか、収入はいくらを目指すか、どんなことを勉強したいか、行ってみたい場所、住みたい家、どんな人間になりたいか、どんな人生を送りたいか……。

僕は夢中で書いていった。タカさんが言っていた通り、書いているうちに自分が今まで意識していなかった考えが、どんどん浮かんできた。**1つの考えからまた新しい考えが生まれ、思考が木の枝のようにどんどん広がっていくようなイメージだ。**

一番に考えることは、できるだけ早くコンビニのバイト生活から脱出して、弁護士としての収入だけで生活していけるようにすることだ。そのために何をするか？

自分への質問と答えを書いていく。

✓弁護士として成功するためにはどうしたらいいか？
↓まずは依頼人を増やさなければならない。
✓依頼人を増やすためにどうしたらいいか？
↓依頼してもらえそうな人を見つけたり、紹介してもらったりする。
✓そのためにどうしたらいいか？
↓できるだけたくさんの人脈を作る。
✓そのためには？
↓できるだけたくさんの人に会う。

✓どうすればたくさんの人に会えるか？
↓セミナーや交流会に参加する。

こんな調子で考えていくと、やるべきことが段々と明確になってくる。タカさんに会えたお陰で、僕は最近ずっと忘れていた希望というものをまた持てた。いい気分だ。

涼子が帰ってきたので、タカさんのことを話した。熱心に話す僕を見て、彼女も嬉しそうな顔をしていた。

「応援してるから、頑張ってね」

僕と涼子も、いつかタカさんとエマさんみたいな関係になれるだろうか？

あっ、また自分に質問してる！

考えるということは、自分に質問することなのだと、また実感した。

そして気づいた。「タカさんとエマさんみたいな関係になれるだろうか？」という質問ではダメだ。**「タカさんとエマさんみたいな関係になるためには、僕は涼子に対して、どういう態度で接したらいいのか？」と質問しなければならないのだ。**

こう考えることによって、初めて僕の涼子に対する行動は変わってくるのだ。こんなことを僕は考えたり、ノートに書いたりした。

第1章の「夢実現へのロードマップ」

- ☑質問は相手への思考や行動を縛ることができる。
- ☑**【誘導質問】**を使えば、質問で自分の望むほうに相手の思考を向けることができる。
- ☑人は質問をされると反射的に、その質問に答えようとして思考し、考えてしまう。
- ☑質問には４つの力があり（43ページ参照）、それらの力を得ることでできることが６つある（45ページ参照）。
- ☑“考えるということは自分に質問をすること”。自分に対する質問をコントロールすることによって、自分の思考をコントロールすることができる。
- ☑成功者には『目標を設定し、行動を起こし、成功するまでやり抜く』という共通法則がある。「君の目標は何？」と聞かれて即答できなければ成功者にはなれない。
- ☑その目標は実現可能なもので、かつ具体的であること。自分に質問していくことで（52〜53ページ参照）、目標をより明確化させる。
- ☑自分に対する質問への答えは、思いつくままにノートに書いていくこと。

第2章 思いのままに相手から情報を得る

質問のテクニック

次の週末、僕はまたジムに向かった。

「今日は、背中の広背筋《こうはいきん》を鍛えよう。トレーニングは、どこの筋肉を鍛えているのか、意識しながら行うことがとても大切だ。だから、ジムは壁が鏡になっている。鏡は、自分の顔を見てうっとりするためのものじゃない。トレーニングをしながら、フォームや筋肉を確認するためのものだ。しかし、今日行う背中は、鏡に映しても自分で見ることができない筋肉だ。だから、より一層、意識的にトレーニングすることが大切になる」

そう言って、タカさんは僕をラットプルマシンというトレーニング器具のところに連れていった。ラットプルマシンというのは、懸垂《けんすい》のトレーニングに似たトレーニング器具だ。頭の上に鉄の棒があり、その鉄棒がウエイトスタックという重りにつながっている。

僕はラットプルマシンのほうを向いて椅子に座り、頭上の鉄棒を両手で握って、そのまま胸の前まで引き下げた。

「それでは腕に効いてしまっているよ。両肩を落として、肘を脇に引きつけ、肩甲骨《けんこうこつ》を寄せるように意識してごらん」

タカさんは、そう言って、僕がラットプルマシンの鉄棒を引き続けている間、僕の両方の広背筋を触っていてくれた。トレーニングの対象となる筋肉に触れられると、トレーニング中、その筋肉を意識しやすくなる。

それにしても、広背筋のトレーニングは難しい。慣れるまでには時間が掛かりそうだ。

トレーニングが終わると、シャワーを浴びて、いよいよ質問力のレッスンだ。

「前回は、『1・自分をコントロールする』という質問の使い方を教えたが、その他『2・思いのままに情報を得る』『3・人に好かれる』『4・人をその気にさせる』『5・人を育てる』『6・議論に強くなる』という使い方がある。覚えているかな?」

「はい」

「これらの概要だけ説明しておこう。『2・思いのままに情報を得る』というのは、君がこれまでに使っていた質問の使い方だ。私達は知りたいことがあるとき、他人に質問をして教えてもらう。しかし、ただ質問すればいいわけではない。**『誰に質問するか?』『どのタイミングで質問するか?』『どういう質問をするか?』**などを考えて質問しなければならない。質問の仕方も無限にあるし、テクニックもあるから、身につけていこう」

「わかりました」

「次に『3・人に好かれる』というのは、質問を効果的に使うことによって、他人から好意を得るためのテクニックだ。『4・人をその気にさせる』というのは、質問によって、他人の気持ちを動かし、実際に行動を促していくテクニックだ。**質問されると、人はその質問されたことに答えを出そうとして考え始める**」

確かに、これは先日、僕も実感したことだ。質問には思考を限定する力がある。

「たとえば『君の欠点は優柔不断なところだ。その優柔不断さは、両親が君にどう接したから身についたと考える?』と質問されると、両親の悪影響について考えるようになるだろう。しかし『君の長所は柔軟な考え方だが、その柔軟さは、両親が君にどう影響を与えたからだと考える?』と質問されると、両親からのよい影響を考えるようになるだろう。質問の、この力を使うんだ。『5・人を育てる』も同じ力の作用だ」

僕は、一つも聞きもらすまいと耳を傾け続けた。

「最後に『６・議論に強くなる』というのは、議論で質問を効果的に使うことにより、よりよい結論に到達することを目的とするテクニックのことだ。さて、今日は、この６つのうち『２・思いのままに情報を得る』ということについて話そう。まず、私からいくつか質問するから答えてほしい」

僕が「はい」と頷くと、タカさんは僕を探るように目を細めた。

５種類の悪い質問

「君は変わりたいと言っていたが、君の悪いところはどんなところだ？」

悪いところなんてたくさんありすぎてわからない、と僕は思った。

「すぐ思いつくのは、自分に自信が持てない、気が弱いというところでしょうか」

「そうか。では、なぜ今まで変われなかったんだと思う？」

「努力が足りなかったからだと思います」

「では、なぜ努力できなかったんだ？」

「え……？　意志が弱いから、かな……」

「なぜ意志が弱いんだ？」

「え？　ええと、本気度が足りなかったから……」

今日は手厳しい。僕は責められている気がして、どんどん自信がなくなっていく。反対に自虐的な自分が顔を出す。

「君のおじいさんが亡くなったことで、君は本気になったと言ったね。今回は本当に変われると思う?」

「はい。本気で努力したいです」

「それはどうかな。おじいさんが亡くなったショックで、今だけそう感じてるんじゃないかな?」

そんな言い方をしなくてもいいじゃないか、と僕は思った。


「これからの世界情勢はどうなると思う?」

え? ここで急に世界情勢の話? なんだよ、おじいちゃんのことまで出してあんなことを言っておいて。不愉快になりながらも質問について考える。世界情勢というのは政治的なことだろうか? 経済の話だろうか? 科学の進歩の話だろうか? ニュースで話題になっていた出来事を、僕は必死に思い出そうとした。

「ええと、AIなどが発達して……」

「そういうことを聞いたのではない」

「え？　すみません」

謝りながらも、質問の意図がわからなかったせいじゃないか、と腹立たしかった。

「ＡＩの話が出たから聞くが、ＡＩはどの程度、人間の仕事を奪うことになると思う？」

「そうですね。ええと……」

「君はＡＩが発達しても仕事にありつけるか？」

「そのために、努力して……」

答えている途中で、僕の言葉を遮《さえぎ》って、彼は質問を続ける。

「出身はどこ？」

また急に話題が変わった。僕の答えに期待できそうもないから、呆れて次の質問に移ったのだろうか？

「栃木県です」

「家族構成は？」

「両親と姉が一人います」

「学生時代は運動をやっていた？」

「はい。中高はテニス部に入っていました」

矢継ぎ早の質問でまるで面接みたいだ。僕の苛立ちは酷くなっていく。もう質問を受けたくない。

「さて、私の質問は以上だ」

心からホッとした。

「今どんな気分だ？　正直に言っていいよ」

「正直に言うと、ものすごくイヤな気持ちです。腹も立ちました」

「そりゃそうだろう。**今、私が君に対してした質問は、全て悪い質問の例だから**」

「え？」

「まず、私は君の悪いところを聞き続けた。悪いところを聞かれたから、君は自分の悪いところを考えた。自分のイヤなところを考え続ければ、普通は誰でも気分が悪くなるだろう。そういう気持ちにさせるような質問を、ネガティブクエスチョンというんだ」

ネガティブクエスチョン……。確かに、どんどん気持ちがネガティブになっていった。

「反対に『いいところは？』『成功体験は？』と聞かれたら、そのことを聞かれた人は自分のいいところや成功体験を考えていい気分になる。このような質問はポジティブクエスチョンだ。**相手を前向きに、楽しい気分にさせたいなら、ネガティブクエスチョンではなくポジティブクエスチョンをしなければならない。**特に教育の場面や人を育てようとするときに、ネガティブクエスチョンを使うと、本人のやる気をなくしてしまい逆効果になる。だから『なぜできないのか？』ではなく、『どうしたらできるのか？』と聞く」

「なるほど」

「次に、おじいさんが亡くなったことを話し、『君は本当に変われるか？』という質問に対する君の答えに、私が『それはどうかな』と否定的な態度を取っただろう。君はムッとした顔をしていた。ＡＩの場面でもそうだ」

やはりわざとだったのか、と僕は安心した。

「**人に質問をしておいて、その答えをすぐに否定するようなことはやってはいけない。**すぐ否定する人は、自分の考えのほうが相手の考えよりも優れていることを証明したいがために、相手を否定する傾向がある。でも、そんなことをしても自分の優秀さを証明することはできない。イヤな奴だな、と思われるのがオチだ」

「そうですね」

「相手に質問をした場合は、その答えをじっくり聞き、答えを受け入れるようにしなければばならない。**質問したら、相手が答えるまで待つ「クエスチョン・アンド・サイレンス」は鉄則だ。**それが自分の意見と違う場合でも『君の考えは理解できる。ところで別の観点だが、私はこう思う』と、相手の気持ちに配慮した上で自分の意見を述べる。だがその前に、そもそも相手の気分を害してまで、反対意見を言う必要性があるのかどうかを考えなければならない。**賢い者ほど口数が少ない**」

確かに、そういう印象はある。自分の自慢話をしたり、知識をひけらかしたりするような人は、本当に賢い人には見えない。

「次に『これからの世界情勢はどう思う？』と聞いたら、君は答えにつまったね」

「はい。何を答えればいいのか迷いました」

「これは質問の範囲が広すぎて、相手が何を答えればいいのかわからなくなる質問だ。相手に自由に、オープンに答えてもらう質問をオープンクエスチョンというが、**この質問のようなオープンクエスチョンは、相手の脳に負担を掛けてしまう。相手から情報を得たいときは、もっと質問の範囲を狭めなければならない。**たとえば『今後ＡＩが発展すると、弁護士の仕事はどう変わるか？』と聞かれれば答えやすくなる。質問をして相手から情報を得たいなら、相手が答えやすい質問をすることが鉄則だ。相手の脳に負担を掛ける答えにくい質問をしてはいけない」

質問が相手の脳にどう働き掛けるのかという点について、今までは考えたこともなかったが、体験してみるとよくわかる。

「次に私は、出身や家族構成などを矢継ぎ早に質問した。質問自体は答えにくいものではなかったと思うけど、君の気分はあまりよくなかったよね？」

「はい。面接みたいだなと思いました」

「**矢継ぎ早に質問をされると、答えるほうは圧迫感やストレスを感じるものなんだ。**警察の取り調べなんかもそうだね。あれはわざとプレッシャーを掛けて思考能力を奪い、喋らせるという狙いもあるんだろう。相手が心地よく話せるように会話を続けさせたいなら、自分からも情報を与えたり、相手の答えに興味を示したり、賞賛したりして、会話のバランスを取るようにしなければならない」

「さらに、私が『なぜ？』を繰り返したのに気づいたかな？ 君は段々と答えづらくなっていったね。**ベーシックな質問として、What、Who、When、Where、Why、Howの『5W1H』は聞いたことがあるだろう。**聞きたい物事に対し、この6つの質問をすれば、たいていは必要な情報を得られる。ただ、この中でWhyだけは気をつけなければならない。**『なぜ』を繰り返されると、相手はとても頭が疲れるんだ。**なぜかわかるかい？」

わからなかった。

「私達は『なぜ？』と質問されると、それに『なぜなら〜』と答えようとする。この『なぜなら〜』という出だしの回答は、論理的なものが要求される。ということは、答える人は論理的思考をしなければならなくなる。**『なぜ？』を繰り返すということは、相手に対して論理的思考を繰り返すように強制することになるんだ。**だから、頭が疲れる。その結果、答えづらくなるんだ。よく子供が親に対して、『なんで？　なんで？』と繰り返し質問しているところを見ることがあるだろう。最後には、親は『いいかげんにしなさい！』などと子供を叱ることになる。答えるのが辛くなるからだ」

僕は、タカさんの話を聞きながら、メモを取り続けた。

「君は、なかなか依頼を受けられないと言っていたけれど、今、私がしたみたいなダメな質問を相談に来た人にしていたんじゃないかな？」

思い当たる節はあった。話を聞き出すことばかりに躍起になって、質問をしたりしていたような気がする。依頼をしてほしいという自分の都合ばかり考え、相手の反応や感情、立場に配慮することがなかった。

「ちなみに、**なぜを繰り返すと相手に負担を強《し》いると言ったけど、逆に自分自身の課題やトラブルについて、論理的に考えて原因究明し、改善したいと思っているときは『なぜ』を繰り返すといい。**トヨタ自動車では、トラブルなどが起きたとき、その原因究明のために『なぜ?』を5回繰り返すという伝統があるそうだ。君の問題についても『なぜ依頼を受けることができないのか?』という質問から、この答えに対し『なぜ』を繰り返していけば、根本的な原因がわかるかもしれない。物事を深く考えるとはそういうことだ」

「はい」

「**どんな目的で質問をするのかを考え、質問を使い分ける。そして、相手から情報を得たいときは、相手の立場を考え、相手が答えやすい質問をする。**このことに気をつけていけば、思いのままに情報を得ることができるようになるだろう」

思いのままに情報を得る。そんなことが本当にできるようになるだろうか?

あ、いけない! また悪い質問を自分にしてしまった。

「できるようになるためにどうすればいいか?」と質問しなければいけない。

そう考えている僕の顔を見て、タカさんはまたしても、僕の考えを読んだように微笑みながら言った。

「最初はすぐにできなくても意識し続けることが大切だ。今日、広背筋のトレーニングをしたが、トレーニングの間、広背筋を意識し続けるのは難しかっただろう。でも、それも続けていくことで意識することができるようになる。**質問力も同じだ。初めは意識が難しい。**やってはいけない質問もしてしまう。しかし、常に意識し続けることで、少しずついい質問をすることができるようになるんだ」

情報を得る、ということを目的とした質問だけでも、様々なテクニックがあるものだ。今まで漫然としていた相談者に対する質問を、意識的にしていくことで、どのような効果が出るだろう。明日は弁護士会の法律相談の予定が入っている。僕はノートをお守りのようにカバンにしのばせた。

【思い通りの情報を引き出すためにやってはいけないこと】

1・相手の気分が悪くなるような質問＝ネガティブクエスチョンはしない
2・人に質問しておいて、その答えをすぐに否定するのはＮＧ
3・質問の範囲が広すぎると、相手は何を答えていいのかわからなくなる
4・矢継ぎ早に質問すると、相手はプレッシャーに感じてしまう
5・『なぜ？』の質問は、相手を疲れさせるので繰り返しの使用は避ける

法律相談での実践

弁護士会の法律相談は、霞が関にある弁護士会館で行う。

相談者は、個人でカラーコーディネーターの仕事を始めたばかりの30代の男性で、ホームページを作成するため、業者と契約をしてホームページを作ってもらったものの、できあがりが悪すぎて契約を解除したい、というものだった。

僕は、男性とホームページ作成業者との間の契約書を見せてもらって、契約を解除できるかどうか確認した。ところが、その契約書は、ホームページ業者に一方的に有利にできていて、解除が難しいものになっていた。

「この契約書は、業者に一方的に有利になっているのですが、なぜ、こんな契約書を結んだのですか？」

「まさか、こんな出来の悪いホームページができるなんて思ってもいなかったので」

彼はきまりが悪そうに答えた。

「契約書は読みましたか？」

「ざっとは見ましたが、全部は読んでいません」

「なぜ読まなかったのですか？」

「……」相談者は困惑しているようだった。僕が責めているように感じたからだろう。

そうだ、「Why」を使いすぎたかもしれない。

「この契約書は誰が作ったものですか？」

「ホームページ業者です」

「契約書の内容の説明は、ありましたか？」

「いいえ、ありませんでした」

「契約書の他に、説明書やメールなど、やり取りを示すものはありませんか？」

僕は、こうやって、「Why」を他の質問に言い換え、質問を重ねていった。

そうすると、相談者と業者とのやり取りのメールの中に「仕上がりがお気にめさないときは、何度でも修正する」という文言があるのを発見した。このメールが突破口になりそうだ。そのメールを武器に交渉する方法を相談者に助言し、法律相談を終えた。相談者は、僕にお礼を言って帰っていった。

こうして、僕は質問を意識して相談を受けるようになった。**質問の仕方を変えるだけで答えが違ってくることを、徐々に実感として感じることができるようになっていった。**まだ悪い質問も出てしまうが、常に意識し続け、工夫し続けることが大切だと思った。

相手から好かれる質問テクニック

今日は大胸筋《だいきょうきん》のトレーニングだ。ベンチプレス、インクラインベンチプレス、ダンベルフライなど、数種類の種目を行った。大胸筋は仰向けに寝て、バーベルやダンベルを上に押し上げると負荷が掛かる。ベンチプレスをしているときにタカさんが通り掛かり、「肩と腕で上げてしまっているよ。それでは肩を痛めやすい。意識の仕方は色々あるけど、胸を張るか、あるいは肩甲骨を寄せるように意識して、肩に負担が掛からないようにするといい」とアドバイスをしてくれた。

僕は胸を張ってみたが、これで肩の負担がなくなったかどうかはわからなかった。そこで、肩甲骨を寄せるように意識してみたが、やはり実感がわかない。

とりあえず胸を張り、肩甲骨を寄せるように両方意識しながらトレーニングを終えた。

その後、シャワーを浴びてホテルに移動。質問力のレッスンになった。

「では、次の話をしよう。人から仕事を依頼してもらいたいとき、最も手っ取り早い方法を知っているかい？」

「料金を他の人より安くすることでしょうか？」

「いいや違う。**正解は、相手に自分を好きになってもらうことだ。**君が弁護士だろうが営業マンだろうが、お客さんが君に好意を持てば、多少金額が高くても、依頼をしたり物を買ったりするだろう。次のステップは質問力を鍛えることによってできる6つのうち、3番目の『人に好かれる』だ。聞くだけで人に好かれる質問というのがあるんだよ」

「はい」

「まあ、そう急かさずに。君は、生まれは栃木県だったね」

「そんな質問があるんですね！　ぜひ教えてください」

「実は、私も生まれは栃木県なんだよ」

「え、そうなんですか！　同郷とは思いませんでした」

「ところで、君は昨日、夢を見たかい？」

「はい。なぜか新幹線の中で、ゾンビに追い掛けられる夢を見ました」

「それは偶然だな。私も昨日、夢の中でゾンビに追い掛けられたよ」

「えー、本当ですか！　びっくりです」

なんだか嬉しくなってつい大きな声を出してしまった僕を見て、タカさんはいたずらっぽく笑った。あれ？

「そう。今のは嘘だ」

僕は拍子抜けした。

「嘘をついたのは悪かったが、今のが人に好かれるという例を示す一つめだ。心理学では『類似性の法則』という。人は自分と似ている人を好きになるという法則だ。**今の会話で、君と同じだと私が言ったとき、君は嬉しくなって私に親しみを持っただろう。**初対面の人と話していて、自分と出身地や大学、趣味が同じで共通点があるとわかった途端、急に親近感がわいたりする。今後、君は、筋トレが趣味だという人に会うと親しみがわくようになるだろう。親しくなりたい人には、この類似性の法則を意識的に利用するんだ。雑談をするときには、自分との共通点を見つけられるような質問を相手にしていく。出身地や大学、趣味などを聞いて情報を引き出していき、自分と共通点があれば「私も同じです」と類似性をアピールする。もちろん、嘘はいけないけどね」

なるほど。**色々な質問をすることで、自分との共通点を見つけていくということか。**

「ところで、君のそのTシャツはおろしたてかい？」

「あっ、これは先日、彼女に、誕生日にプレゼントしてもらったんです」

「そうか。それはおめでとう。趣味がいいけど、彼女自身もオシャレなのかい？」

僕は照れ隠しに苦笑した。

「どうだい。少し気分がよかっただろう。今、私が君と君の彼女を褒めたからだ。人に褒められて悪い気持ちになる人はいない。誰でも好意を抱くものだ。しかし、あまりに露骨な賞賛は、お世辞やごますりと思われ警戒される。特に、日本人はそういうところがある。褒められることに慣れておらず、居心地悪く感じる人もいる。**こういうときに質問を使うんだ。『そのかっこいいTシャツはどこで買ったんだい?』というように**」

「なるほど」確かに、気分がよくなったのは否めない。

「質問による賞賛は、女性を口説くときにも使えるよ。『君に声を掛ける男はたくさんいるだろう?』といえば、『君かわいいね』なんて、あからさまなセリフを言わなくても、そう思っていることが伝わる」

僕は思わず笑った。**確かに、質問の形で褒められたほうが、自然で嬉しい感じがする。**

「もう一つ、手っ取り早く人に好かれる最強の極意を教えよう。君は犬は好きかい?」

「はい、好きです。父が犬好きで、子供のころから実家では犬を飼っています」

僕が小中学生のころ、家にいたシェパードのトムを思い出した。小学2年生くらいまでは僕とほぼ同じくらいの大きさで、僕は散歩に連れていくというより、トムに引っ張られてお供をしているという状態だったけれど、トムが大好きだった。

トムが亡くなったとき、家族みんなが泣いた。今はヨークシャーテリアのレオがいる。「私も犬が好きだ。以前はジャックという名のパピヨンを飼っていた。16歳まで立派に生きた。亡くなったときは本当に悲しかったが、妻と私は持てる愛情を全て注いだので後悔はない。また飼いたいが、今は移動が多いので断念している。まあ、それはさておき、**人に好かれる最強の方法は、犬を真似るということだ**」

「犬を真似る?」

「そうだ。犬は、飼い主が家に帰ると尻尾を振って大喜びし、おやつやごはんに喜び、飼い主の行動をジッと見つめたり後をついて回ったりする。人間のように、そのときの気分や感情によって、嫌ったり、愚痴や嫌味を言ったり、批判したりしない。いつも絶大な信頼と好意を寄せてくれる。そんな存在に対して、愛情を持たない人はいないだろう。犬が持つ最強の武器は、人間に対する好意だ。好意を持ってくれる相手に対しては、自分も好意を持つ。心理学ではこれを『好意の返報性』という」

確かに、犬が示すような好意を示されたら、こちらも好きになってしまうに違いない。

「**質問によって自分の好意を相手に伝えるには、まずは、相手に興味を持って、相手に関することを質問すればいい。**相手の目を見て『あなたに興味がある』『あなたのことを知りたい』という気持ちで質問をする。そうすれば、相手は自分のことを知りたがっていると感じ、自尊心が満たされて質問者に好意を抱く」

【相手から好意を得られる3つのテクニック】

1・「類似性の法則」を意識して、自分との共通点を見つける質問をする
2・相手を褒めるときは直接的ではなく、質問の形で褒めていく
3・「好意の返報性」を意識する。人は好意を持ってくれる相手には自分も好意を持つ

相手を好きになれないときは？

メモを取りながら僕は考えて聞いた。

「でも、自分がなかなか好意を持てない、苦手な人っていうのも実際いますよね？」

「それを克服する方法は、既に学んだはずだ。自分が、相手のことを『苦手だな』と感じたとき、その相手に好意を持つようにするためには、自分の感情をコントロールすることだ。**自分をコントロールするには、自分に質問をすることだろう。**『この人のいいところ、尊敬できるところはどこだろう？』『自分より優れているところはどこだろう？』と自分に質問をするんだ。苦手だと思っていると、苦手な部分にばかり目が行き、好意を持つき

つかけがつかめない。でも、いいところを探そうとすれば、いいところに目が行く」

自分に質問することで相手を好きになれるとは、質問力は本当に奥が深い。

「そもそも私は、この人が嫌いだとか苦手だとか、そういうレッテルを貼ることはしないようにしている。私はベストセラーになった『７つの習慣』に書かれていた〝愛とは具体的な行動により具現化される価値観だ〟というコヴィー博士の説に共感している。つまり、愛というのは、そのときの感情ではなく、相手の話を聞いたり、見返りを求めずに相手のために犠牲を払ったり、という行動だということだ。そう捉えると、どんな人でも愛することが可能となる」

人に好意を持ったり、悪意を持ったりするのは、感情で、自分ではどうしようもないものだと思っていた。コントロールできないものだと。

しかし、行動で愛を示せるならば、行動は自分で選択して行うことができる。

「相手に興味を持って相手のことを質問し、答えを聞くということも、愛という行動の一環だと言える。君の好意が相手に伝われば、相手もきっと好意を返してくれる。お互いに悪意を持つより好意を持つほうが、自分の人生にとってもプラスだとは思わないか？」

確かに、誰であれ人から嫌われるより好かれたほうがいい。どんな人をも愛することができる、というのは理想主義的すぎる気がしたが、相手に興味を持って質問をする、ということくらいであれば、自分でもできる気がした。

「大切なのは常に相手の自尊心に気を配ることだ。自尊心を満たすためには、その人が興味を持っていることを話してもらうのが一番効果的だ。そのために、相手から質問をされたら、同じ質問を返すというテクニックは使える。私は『質問ブーメラン』と呼んでいる。相手がその質問をした、ということは、そのことに何らかの関心がある、つまり、そのことについて話したがっている可能性が高いということだ」

〝質問ブーメラン〟と僕はノートに書いた。ついでにブーメランの絵も描いてみた。

「もし、初対面の人から『ゴルフをしますか?』と聞かれたら、その人は趣味がゴルフで、ゴルフについて話したいのかもしれない。『村上春樹についてどう思いますか?』と聞かれたら、その人はハルキストで村上春樹について語りたいのかもしれない。だから、自分のことについては軽く答える。ダラダラ話を続けてはいけない」

「はい」

「そして『あなたはゴルフをされるのですか?』とか『あなたは村上春樹についてどう思いますか?』と聞き返すんだ」

僕はゴルフはやったことがないが、村上春樹はたまに読む。

「そうすれば、相手は喜んで話をしてくれる。**自分の話したい話をすることで自尊心が満たされ、話を聞いてくれた相手に好意を持つ。**他にもあるが、今日はここまでにしよう」

まさか、質問で人から好かれる方法があるとは思わなかった。

今までは、法律相談に来た人と上手に信頼関係を作れず、なかなか依頼に結びつけることができないことが悩みの一つだった。今日学んだテクニックは、早速、明日からの面談に生かしていきたい。自然に実践できるようになれば、強力な武器になるだろう。

「君の話はおもしろい！」

弁護士といえば、インターネットが普及していない時代では、人からの紹介によって依頼を受けることがほとんどだったようだ。「先生」と呼ばれ、椅子にふんぞり返っていれば、「どうかお願いします」と依頼人がやってくる。弁護士にとっての古きよき時代。

現代は全く違う。弁護士が余っており、相談したい人はインターネットなどで検索して弁護士を選ぶ。だから、大手の法律事務所は宣伝や広告に何千万ものお金を使っている。見栄えのいいホームページを作ったり、芸能人を使ったＣＭなどで集客している。

しかし、僕のような駆け出しの弁護士に、もちろんそんな資金はない。お金の掛からない方法で仕事を取るには、まずは昔ながらの方法、紹介に頼るしかない。そう考えて、僕は人脈作りに力を入れることにした。

インターネットやＳＮＳで参加者を募っているセミナーや勉強会、交流会、商工会議所の集会など、人脈作りにつながりそうな会合に片っ端から申し込んでみた。

そこで、自分に好意を持ってもらえるよう、タカさんに教わったテクニックを実践することにした。

まず、名刺交換をして名前を名乗ったら、類似性の法則を使えるように、共通点を探す質問をしていく。最近では、名刺に自分の出身地や趣味など、パーソナルなデータを載せている人も多いので、そういう場合はその情報を参考に質問していく。出身地や大学、家族構成、趣味、興味を持っていることなど。

これらの質問は、いきなりするとぶしつけに感じるから、さりげなく自分の話をした後で質問したり、自然に話の流れを持っていくなどして、失礼にならないように注意する。

年上の男性では、ゴルフを趣味としている人が多いことがわかったので、共通項を作るために、僕もゴルフを始めることにした。少々お金は掛かるが仕方がない。元々、父親がゴルフ好きだったし、地元の栃木はゴルフ場も多いので、興味はあったのだ。

タカさんのジムには、地下にゴルフレッスンも受けられるゴルフレンジもあったので、そこでプロに何回かレッスンを受け、自主練をして、交流会で知り合った人達とコースデビューもした。

質問ブーメランは、すごく使える。聞かれたら、自分のことについて軽く答えてから、相手に同じ質問をすると、喜んで自分のことを話してくれる。

そういうときは、さらにその内容をよく聞き、自分が疑問に思ったことを聞いていく。そうすると、相手は僕が興味を持っていると感じてくれるようで、話を続けてくれる。

賞賛も意識的にした。褒められて喜ばない人はいないし、褒めてくれたら相手に好意を持つ。そんなことは当たり前のことだと誰でもわかっているのだが、意識してみると驚くほど実践できていないものだ。

これまでの僕は、自分よりも優れていると思う人に出会うと、賞賛するより前に、その人と比較して自分を情けないと思ったり、ねたんだり、相手に少しでもダメなところがないかと探したりしていた。相手をすごいと思っても、素直に褒めることができなかった。

だが、そんな自分とは決別すると決めた。人をうらやんでいる暇があったら、自分が努力すればいい。

それからは、相手がオシャレなスーツやシャツを着ていればそれを褒めたり、職場が大企業だったり、一等地にあるときはそれを賞賛したり、仕事の話などでも自分がすごいと思ったら素直にそう伝えるようになった。

あるベンチャー企業の社長と話していたときのこと。彼はクルージングが趣味とのことだった。自分の船を持っているなんてかっこいい、と思ったので素直にそう伝え、クルージングの話を、質問を交えて聞いた。

別れ際、彼から「君の話はとてもおもしろかったよ。ぜひ飲みにいこう」と言われた。

僕はびっくりした。僕は合槌を打ちつつ、興味がある点について質問しただけで、喋っていたのはほとんど彼のほうだったのに僕の話がおもしろいとは。僕が興味を持っていることが伝わったので、彼は気持ちよく自分の話ができ、それが楽しい会話だった、すなわち僕が話し上手だと感じたんだろう。

これが質問力か、と思った。

彼からは翌週、連絡があって、食事に招待された。その席で自分の会社の顧問弁護士になってほしいと依頼された。僕は喜んで引き受けた。

第2章の「夢実現へのロードマップ」

- 思いのままに情報を得るには「誰に質問するか？」「どのタイミングで質問するか？」「どういう質問をするか？」を考えて質問しなければならない。
- **【ネガティブクエスチョン】**を控える、矢継ぎ早に質問しないなど、思い通りの情報を引き出すためにやってはいけないことがある（70ページ参照）。
- 「Why?」は別の形に言い換えて質問する
- 相手から好意を得るために、3つのテクニックを意識する（78ページ参照）。
- なかなか相手を好きになれないときは、自分の感情をコントロールするため、自分に質問をすること。
- 大切なのは常に相手の自尊心に気を配ることだ。自尊心を満たすためには、その人が興味を持っていることを話してもらうのが一番効果的。
- そのために、相手から質問をされたら同じ質問を返す**【質問ブーメラン】**は有効。相手がその質問をしたということは、そのことに関心があり、話したがっている可能性が高い。

第3章 質問で相手の自尊心を満たす

どうすれば人は「その気」になるのか？

いつものように筋トレをし、シャワーを浴びて、ホテルに移動し、レッスンが始まった。

「今日は、相手にイエスと言わせる方法を少し学ぶことにしよう。質問力を鍛えることによってできる6つのうち、4番目の『人をその気にさせる』ということについてだ。君は、人がその気になり、動くときとは、どんなときかわかるか？」

「自分にメリットがあるときでしょうか？」

「大きく考えれば、その答えも間違いではない。が、もっと本能的で、本質的なことだ。たとえば、君が弁護士になったのはなぜだ？」

「基本的なことで言えば、収入を得て食べていくためです」

「最低限、食べていくくらいならば、アルバイトでも稼げるだろう。何らかのアルバイトをしていれば普通は飢え死にすることはない」

「そうですね。実際、今の僕は、弁護士としての収入よりも、コンビニのアルバイトの収入のほうが安定してるくらいですから」

「それでも、弁護士を辞めてアルバイトに専念しないのはなぜ?」

「せっかく苦労して弁護士になったのもあるし、弁護士として成功すれば、もっとお金を稼ぐことができるだろうと思うからです。それに、コンビニのアルバイトというより、弁護士と名乗ったほうが、人から一目置いてもらえるというのはありますね」


「そうだろう。君は最低限に生きていける収入以上の収入を、弁護士として得たいという。それは、君の自尊心からきているものだ。より多くの収入を得て、より快適な生活をし、社会的な評価や名声を得たいのは自尊心を満足させたいからで、アルバイトだけで生活しているると思われるのがイヤなのも、自尊心が傷つくのを避けるためと言える」

「つまり、人がその気になり動くときとは、自尊心を満足させるため、または、自尊心が傷つくのを回避するため、ということでしょうか?」

「そうだ。自尊心を満足させたい、あるいは、自尊心を傷つけたくないという欲求は、人間の本能的な欲求にも匹敵すると思う。食欲、性欲、睡眠欲など生理的欲求が、ほぼ満たされていると考えられる先進国で、多くの人が飢えているのが『自尊心を満足させたい』『人から認められたい』という社会的な欲求だ。どうすれば自尊心を満足させられるかについて、私達はきちんと学ぶ機会がなかった。成功者とそうでない人の違いは、その点を理解しているかどうかによるだろう」

僕はノートに〝自尊心〟と書いて、丸で囲った。

「自尊心が重要なキーワードだ。君が人をその気にさせたいときは、相手の自尊心を満足させるような質問をするか、あるいは、自尊心が傷つくのを避けたくなるような質問をするんだ」

自尊心を満足させるような質問……？　それはどんな質問だろう？

「たとえば、君がセールスマンで何か商品を売りたいとする。その場合、ただ『この商品を買いませんか？』と聞くのではなく、『この商品を持って歩いているだけで、注目を集めると思いませんか？』とか、『今お持ちの商品は古いタイプですから、人前に出すのは少し気が引けてしまわないでしょうか？』というように使う。ただ商品のメリットを説明して購入を薦めるより、購入したときにどのように自尊心が満足するか、または購入しないことにより、どのように自尊心が傷つくかをイメージできるような質問をすることだ」

「なるほど。そう聞かれたら買ったほうがいいかな、という気持ちになりますね」

僕にも経験がある。洋服を買うときでも、試着した際、店員に「かっこいいですね」「よくお似合いですね」などと言われると、お世辞だろうとは思っても、つい嬉しくなって買ってしまう。

質問のシナリオを作る

「もう一つ、重要なことがある。それは、感情と理性の関係だ。商品の購入の話でも、先ほどの質問をされて、その商品が欲しいと思ったら、その次にその商品はいくらかを考えるだろう。『欲しい』という感情が動いた後、『いくらか?』という理性が働く。いくら欲しいと思っても、値段が高すぎれば買わない。けれど、多少高いと思っても、何らかの理由で買うことが正当化できれば買う。長く使えるものだから、他の店よりは安いから、分割払いができるから……というように。このように、**人が動くときは、まず感情が動いて欲求が発生し、その後で理性で自分の行動を正当化する**、というプロセスをたどるんだ」

「確かに、そうですね」

「テレビショッピングは、見事にこのプロセスを踏まえた構成になっている。まず、商品のいいところをこれでもかと紹介する。見ている視聴者は欲しいという感情が動く。その後で値段を出す。さらに『分割払いで月々いくら』とか『今ならおまけがつく』というように、購入を正当化する情報を提供する」

「わかります。うちの両親も、よく運動器具などをテレビショッピングで買っていました。大半が洋服掛けになってましたけど」

僕も昔、お腹に巻きつけるだけで腹筋がつくという商品をテレビショッピングで買って、今はタンスのこやしになっていることは黙っていた。

「ははは。運動をしたいという欲求は多くの人が持っているけれど、それを習慣化することは難しい」

本当にその通りだ。僕もタカさんのお陰で筋トレを始めることになり、今のところ毎週トレーニングをしているけれど、一人だったら続けるのは難しかっただろう。

「人をその気にさせる質問は、トレーニングと同じで、練習を重ねれば段々できるようになってくる。けれど、最初はなかなか難しい。だから、事前に考えてシナリオ化するという方法もある」

「質問のシナリオを考えるということですか?」

「その通りだ。たとえば、君が恋人と北海道に行きたいと思ったとする。このとき、恋人に『次の旅行先はどこがいい？』と聞いたら、彼女が『南の島に行きたい』と答えた。これは最初の質問から間違っている。どこに行きたいか、とオープンクエスチョンで質問された彼女は、答えを自由に考え、海に行きたいという感情が喚起された。海に行きたいという気持ちでいる彼女に対し、君が北海道に行きたいと言ったら、対立構造になってしまう。だから、**質問を使って望んでいる結果を得たいときは、事前にシナリオを考えておく**んだ。対立構造を作らないようにする」

「二人で協力し合って、楽しい旅行にする計画を立てる、ということでしょうか？」

「そうだ。今の場合は、最初にテレビや雑誌で、おいしそうな海の幸なんかの映像を彼女に見せ、『おいしそうだね、こういうの食べたいね』と話す。彼女も、普通だったら食べたいという感情が喚起されるだろう。ものすごくピザが食べたい、と思っているときではない限りね」

タカさんがいたずらっぽく笑ったので、僕もつられて笑った。

「ここで**『あっ、そうだ。北海道に旅行に行って、思い切りウニやイクラを食べまくるっていうのはどうかな？』**と聞く。そうすれば、彼女はきっと『行きたい』と言うだろう。そうなったら、あとは日程調整だけだ。南の島に行く発想は出てこない」

「すごい！　まさにコントロールできますね」質問力の威力に驚きながらも、涼子はウニが好きだな、最近は一緒に旅行にも行けてないな、とふと思った。

「こちらの望むような道順で思考してもらうような質問のシナリオができていれば、相手の思考をコントロールし、会話をコントロールすることができる。質問が持つ、相手の思考を強制するという力を最大限発揮することができる」

相手の思考をコントロールする！　まるで魔法のような力だ。

「ただし、注意点がある。大変重要なことだ。**質問を上手に使えば人を動かすことができる。しかし、自分の欲望や自尊心を満たすためだけに質問力を使ってはいけない。人を動かすのは手段であって目的ではないからだ。**このことは、よく覚えていてほしい」

「はい、わかりました」

僕はそう答えたが、そもそも人をその気にさせるというのは、自分の利益のためにやるものだろうから、単に「やりすぎるな」という意味だろうか、となんとなく思い、それ以上、忠告の意味を深く考えることもなかった。

人は「質問」で育つ

次の週もジムに行った。今日は、腕を鍛える日だ。主に上腕二頭筋《じょうわんにとうきん》と上腕三頭筋《じょうわんさんとうきん》を鍛えることにする。上腕二頭筋はいわゆる「力こぶ」の部分で、上腕三頭筋は、その裏側だ。

まず、上腕二頭筋を鍛えるには、ダンベルを両手に持って、肩はあまり動かさずに腕をカールする動作を繰り返すことになる。10回も繰り返すと、力こぶの部分に焼けつくような痛みが生じる。僕は顔をゆがめながらカールを12回続けてからダンベルを置いた。

上腕三頭筋は肘を伸ばす動作や押す動作で使われるので、器具やダンベルなどを使って鍛えた。疲れてくると、上腕三頭筋にも痛みが生じた。今日はとにかく筋肉が痛い日だ。


トレーニングが終わり、シャワーを浴びた後は、ホテルに移動して、また質問力のレッスンになった。

「今日は、質問力を鍛えることによってできる6つのうち、5番目の『人を育てる』ことについて話そう」

「でも、僕には後輩や部下もいないし、子供もいないですよ」

「人を育てるというのは、もちろん部下や子供がいる場合には必要になる力だが、それ以外でも使える場面がたくさんある。たとえば、相手はクライアントや家族や恋人でもいい」

恋人を育てる？　涼子の顔が思い浮かんだが、彼女の何を育てるというのだろう？

「たとえば、そういう人達が落ち込んでいたりしたら、君は慰めたいと思うだろうし、前向きな気持ちになってもらいたいと思うだろう。彼らを説得したいときもあるだろう。**人を育てるというのは、自分のことだけではなく、自分の周りにいる人にもいい影響を与え、ともにより幸せに生きていけるようにすることを意味する**」

「なるほど」そういう意味合いまでは考えていなかった。

「ここで覚えておかなくてはならないのは、人間は何かを押しつけようとすると、同じ力で反抗しようとする生き物だということだ。ロミオとジュリエットだって、あんなに親達が反対しなければ、死ぬこともなかっただろう。これは自尊心の問題だ。人は他人から命令されたり説得されたりして従うと、自尊心が傷つく。反対に、自分で思いついたことには喜んで従う。自尊心が満たされるからだ。だから、**人を説得したいときは、説得していることを悟られないよう、自分から思いついて決断するように仕向けるのが大原則だ**」

「そんなことができるんですか?」

「質問を使えばできる。たとえば、君がある会社の従業員だとして、社長が大きな注文を取ってきたとしよう。しかし現在の業務スケジュールでは、とても納品が間に合わない。そのとき、社長が『残業してでも間に合わせろ』と一方的に命令したらどうだろう?」

「いやいや残業するでしょうね。陰で社長への愚痴を言いながら」

「では、社長がこう聞いたらどうだろう？ 『この注文について、現在の業務スケジュールだと間に合わないだろうから、断ることもできる。ただし、この注文が取れれば、会社の業績も評判も上がって、次の仕事にもつながり、利益も増えるだろう。その場合は給料を上げることもできると思う。さて、どうしたらいいだろう？』」

「自分達にも利益があると思えば、どうにか間に合わせる方法を考えたり、自分から残業を申し出たりして、注文を受けられるようにすると思います」

「その通りだ。そして、そのほうが、命令されていやいや残業するより、効率よく働いて結果的に早く仕事も終わるだろう。それが自分達で決めたことだからだ。社長は命令することなく、質問することで従業員を動かすことができ、望む結果を得ることができる」

「命令の代わりに質問することで、Win-Winの結果が得られたということですね」

「まあ、ロミオとジュリエットの例でいえば、質問するまでもなかっただろうな。ただ交際を認めてあげればよかったんだ。ロミオのあの惚れやすさからすれば、また他の美しい女性に気が移るか、浮気がばれてジュリエットにふられるかしただろうからね」

ロミオは一途な男だと思っていたが違うのだろうか？

シェイクスピアはもちろん名前は知っているが、物語を読んだことがない。タカさんと話していると文学の話もよく出てくるので、自分に素養がないことが恥ずかしくなる。

「子供に対しても同じだよ。小さくたって自尊心はあるんだ。親や教師から、ただ何々をやりなさい、と命令されると反発する。『勉強しないと将来、立派な人間になれないよ』『私があなたくらいのときには、もっと真面目だったよ』なんて言っても効き目がない。子供には子供の自尊心があって、親の自慢話や苦労話には関心がないのが普通だ」

「それは確かに」僕にも覚えがある。

「だから、**大切なのは、相手の意見を肯定し、相手の立場に立って、どうすれば相手が望む結果が得られるかを考えることだ**。相手の立場に立って『どうすればいいと思う?』『何をすればいいと思う?』などと質問し、自分で考えて答えを出させるようにするんだ。人は自分で出した結論には喜んで従うものだから」

「そうですね」

相手に行動を変えてほしいときの質問

「では、人に行動を変えてほしいときはどうすればいいだろう? 君は恋人と一緒に住んでいるようだけれど、何か直してほしいところはあるかい?」

「うーん……。彼女には夜更かしの癖があるので、もっと早く寝ればいいのにと思うことがあります。仕事から帰ってきて結構遅いのに、そこからスマホをいじったり本を読んだりして眠るのが遅く、睡眠時間が短いため朝起きるのも辛そうです。寝るとき、スタンドの電気もついているので、僕も眠りづらくてついイライラしてしまうこともあります。そのくせ、彼女は『もっと早起きできるようになりたいなあ』なんて言うんです。僕が『じゃ、もっと早く寝ればいいじゃん』などと言うと、たいてい機嫌が悪くなります」

「なるほど。早起きは多くの人が目標にあげることだけれど、それはなかなか習慣にできない、ということの裏返しでもある。彼女の行動を変えるために注意することは、何度も言っているように、相手の自尊心を傷つけないことだ。**相手がその行動をするには、何らかの理由があるからだ。**ここで『早く寝ないんだから早く起きられないに決まっている』なんて言ったら逆効果だ」

「え！　そうなんですか？」

「ああ。**自分の過去の行動が否定され、攻撃を受けているように感じてしまい、意固地になる。**彼女も、そんなことはわかっているけど、寝る前のネットや読書がストレス発散法になっていたり、それ自体が習慣になってしまっていたりと、彼女なりの理由がある。こういうときは、**全く別の理由を持ってきて行動の変更を依頼するんだ。**別の理由であれば、それまでの相手の行動は間違っていなかったことになるから、自尊心は傷つかない」

では、具体的にどう言えばいいのだろうか？

「たとえば、『寝る前の読書が、ストレス発散になっているんだね、わかるよ。ところで最近、雑誌で読んだんだけど、男性にも朝のストレッチがすごく体にいいそうなんだ。ストレッチは君のほうが詳しいだろうから、一緒に早く起きて教えてくれないかな？　早く起きられるように、僕は今日、早く寝るつもりだよ』などと言ってみる。君の彼女はきっと優しいだろうから、君につき合って早起きしてくれるかもしれない。そしたら、君は褒めたり、感謝したりする。そうすれば、彼女が行動を変えたことが正当化されるし、期待をされると、その後は元に戻りづらくなる」

「なるほど。そんな方法は考えもしませんでした」

「**もう一つ、人を育てる際に、効果的な方法がある。それは、ポジティブクエスチョンを使うことだ。**前に、君に悪い質問の例として、ネガティブクエスチョンのことを教えただろう？」

「はい。以前『どうしてできないのだろう？』というネガティブクエスチョンは、『どうしたらできるだろう？』というポジティブクエスチョンに変える、ということを教わりました」

「そう。自分自身に対する質問をネガティブクエスチョンからポジティブクエスチョンに変えることで、自分の思考をコントロールするという方法だ。これは他人に対しても使える。たとえば、部下が何かミスをしたとき『どうしてできないんだ？』と叱責しても、部下は育たない。だから**『どうしたら次はミスしないようにできると思う？』『ミスをしないためには、事前にどんな準備をしておけばいいと思う？』**と聞くといい」

「はい」

「さっきの彼女の早寝早起きの件でも、『なんで起きられないの？』と聞くのではなく、『どうすれば早く眠れるようになると思う？』『早く眠るために、一緒に何かできることはないかな？』と聞く。このように全てのネガティブクエスチョンは、ポジティブクエスチョンに変換できる。**質問には思考を強制する力があるから、ネガティブな質問をすれば相手はネガティブな方向で考え、ポジティブな質問をすれば相手はポジティブな方向に考えるんだ。**ここで彼女が何らかの解決策を考えたら、『それはいい考えだね』と賞賛する」

僕は家に帰って、タカさんが例にあげてくれた、ストレッチを朝一緒にしたいという質問を実践することにした。ストレッチを習慣にしたいということは、僕も考えていたことだし、ちょうどいい機会だと思ったのだ。

タカさんに言われたように涼子に質問すると、望んでいた答えが返ってきた。

「そうなんだ。健吾、体が硬いもんね。私も朝ストレッチできたらいいなと思ってたから、明日から6時半に起きて一緒に30分ストレッチすることにしようか？」

なんと、彼女から提案してきたのだ。僕は「それはいい考えだ」と賞賛した。

それからは、嘘みたいに二人で早起きできるようになった。涼子は「夜早く寝るためにスマホは手元に置かないことにする」と自分で決め、今まで枕元に置いていたスマホを手の届かないテーブルに置くようになった。涼子自身、ムダなネットサーフィンの時間が減ったと喜んでいた。

僕も毎朝のストレッチが習慣化されて、体も以前に比べたら格段に柔らかくなってきていた。ちょっとした質問で、相手の感情を害することもなく、二人にとっていい結果がもたらされたのだ。

第3章の「夢実現へのロードマップ」

- 人は「自尊心が満足するか」あるいは「自尊心が傷つかないか」を考えて動く。相手の自尊心を考えれば、質問を上手に使って人を動かすことができる。
- 質問を使って望んでいる結果を得たいときは、事前にシナリオを考えておく。
- 自分の欲望を満たすためだけに、自分の自尊心を満たすためだけに質問力を使わない。
- 人は他人から命令されたり説得されたりすると、自尊心が傷つき、同じ力で反抗しようとする。反対に、自分で思いついたことには、自尊心が満たされて喜んで従う。
- 人を説得したいときは、質問を使って、相手に説得していることを悟られないよう、自分から思いついて決断するように仕向ける。
- 相手に変えてほしい行動があるときでも、相手がその行動をするには何らかの理由があるということを忘れない。相手の過去の行動を否定すれば反発されてしまう。
- 質問には思考を強制する力があるため、ネガティブな質問をすれば相手はネガティブな方向で考えてしまう。**【ポジティブクエスチョン】**を使って、相手にはポジティブな方向に考えてもらう。

マタハラで解雇された依頼人

翌週は、また弁護士会の法律相談が入っていた。今回の相談者は、さらさらした黒髪を腰まで伸ばしたロングヘアと、切れ長の瞳が印象的な女性だった。

相談シートには「熊田おりえ（25歳）」と記入してあった。ウエディングドレスのコーディネーターの仕事をしていた彼女は、妊娠し、つわりで体調が悪くなったため、シフトの変更や残業などといった負担の軽減を主任に申し出たところ、解雇されたという。元々小柄で細身の女性だが、お腹が微《かす》かに膨《ふく》らみ始めているのがわかる。

「主任からは『妊娠したんじゃ、このまま働くのは無理なことはわかるよね？』と言われ、退職届を出すように言われました。でも私は辞めたくなかったし、本当はできるなら産休も取りたいと思っていたんです。職場で前例がないのは知っていましたけど。それで、納得できませんと言いました。そしたら『みんなに迷惑を掛けるのがわからない？』『最近の若い子は、自分の都合しか考えないよね』なんて嫌味をたくさん言われました。それでも退職届を出さないでいたら、解雇されました」

そう言って、解雇通知書と書かれた書類を僕に見せた。

「解雇通知書には、解雇理由は成績不良と書いてあります。成績を注意されたことは今まであります。妊娠してからはつわりが酷くて、電車内で気分が悪くなって遅刻したり、体調が悪くて欠勤したことは数回ありました。でも、明らかに妊娠を理由として解雇されたと思っています。これはマタハラになりますよね？」

彼女の言う通り、妊娠を理由として降格や解雇など不利益な取り扱いをすることは、マタニティハラスメントと呼ばれ、法律で禁止されている。

ただし、問題は、会社側もマタハラが法律違反であることを承知しているため、表向きには勤務態度不良など別の理由をつけていることだ。マタハラを証明するには、妊娠を理由とした解雇であることの客観的な証拠がなければならない。

本人が『上司にそう言われた』と言っているだけでは弱い。僕はそう説明した。

彼女は悔しそうに言った。

「この仕事が好きで、一生懸命働いてきました。自分を指名してくれるお客様も増えてきて、やりがいを感じていました。残業も多く肉体的にはきつい仕事でしたが、何度も打ち合わせを重ねてドレスを決め、結婚式当日、新婦の幸せそうに輝いている姿を見るのが本当に楽しみでした。それが、妊娠したからって一方的に解雇されるなんて。私を信頼し、一緒にドレス選びをしていたお客様からしたら、挨拶《あいさつ》もなく私が突然辞めて無責任だと感じているでしょう。そう思われることがたまらないです。何より、このまま泣き寝入りしたら、悔しい気持ちばかりが残って、将来この子のせいで仕事を辞めさせられたなんて、少しでも子供を恨むような母親になってしまうのだけはイヤだと思ったんです」

そう話す彼女の目から涙が零《こぼ》れた。

今までの僕ならば、仕事欲しさから、なんとか依頼をしてほしいという気持ちが先に立ってしまっていて、本当に相談者の立場になって考えるなんて意識しなかっただろう。相談された内容に、自分がうまく答えられるかどうか、どうやったら依頼してもらえるかということで頭が一杯だったのだ。

けれど、タカさんのレクチャーを受けてからは『自分が相談者の立場だったらどうだろう?』『どんな気持ちだろう?』『どうしてほしいだろう?』と自分に質問するようになっていた。自然と、相手の話をより注意深く聞き、相手をよく観察するようになった。

彼女は責任感が強そうだ。好きだった仕事を不本意に取り上げられるのは、どんなに悔しいだろう。子供ができたという、本来ならば人生の中で最高に喜ばしい気持ちを味わっていいときに、迷惑だと言われたり、解雇されたりするのは、どんなに辛いだろう。

「熊田さんの悔しさや辛さ、お察しします。僕は男なので、熊田さんの気持ちを本当には理解できてないかもしれません。でも、妊娠したことで、迷惑がられたり、仕事を辞めさせられたりして、母親が辛い思いを強いられるなんていう世の中のままではいけないと思います。全ての人間は母親から生まれてきているんですから」

彼女は顔を上げて僕の顔を見て、少し微笑んだ。

「方法としては、会社に対して解雇の無効の主張をすることが考えられますが、熊田さんはまた会社に戻りたいと思いますか？」

「再就職も簡単ではないので、産休をもらって仕事に復帰したい気持ちもありますが、もうあの主任の下で働きたいとは今は思いません。せめて、解雇が違法だったということと、出産まで勤めていたらもらえていたはずのお給料と、退職金をもらいたいです。夫も一生懸命働いてくれていますが、楽な家計ではないので」

その目にはまだ涙が滲《にじ》んではいたが、強い決意が表れていた。既に母親としての自覚と、それに伴う強さが芽生えてきているのかもしれない。僕は言った。

「わかりました。まずは、妊娠を理由とした解雇であることの証拠を集めることが一番大切です。日時や言われた言葉などをメモしておくことをお勧めします。もし、ご依頼を頂く場合には、会社に対して解雇の無効と、未払いの給料、退職金を請求します」

そして、着手金や報酬金、実費などの説明をし、「ご依頼を頂ける場合には、ご連絡ください」と言った。

すると、熊田さんは即座に「依頼をしたいです」と言った。

無料相談会で、その場で依頼されることなんて今までなかったから驚いた。後日連絡くださいと言っても、それっきり何の連絡もないというのがほとんどだった。しかも、今まで違って、今回は依頼を促すようなことはあまり言わなかったのに。

きっと、タカさんのレクチャーによって、**相手の話をよく聞くということに重点を置いたことで、自然と彼女は僕に好意や信頼を寄せてくれたのかもしれない**。僕は、その気持ちに応えたいと思った。

「わかりました。やれることは全てやります。一緒に頑張りましょう」

熊田さんは頷き、この件で僕を代理人とする委任契約書に署名した。こうして、彼女は正式に僕の依頼人になった。

僕は早速、彼女の勤務先の会社に電話をし、自分が代理人になった旨を伝え、一度話し合いをしたいと申し入れた。１週間後会社に行くことになった。

それまでに僕は、似たような事例がないか判例を調べたり、以前勤めていて今は辞めてしまった人の連絡先を依頼人から聞いて連絡を取ったり、彼女からもらった会社の資料や、手帳やメモの書き込みを調べたりと、考えられる限りの事前準備を進めていた。

ソクラテスはなぜ質問するのか

次のレッスンのとき、僕はタカさんに報告した。

「タカさんのレッスンで、相談者との会話の多くを質問に変えてから、依頼を受けられるようになってきました」

「それはよかった」

「来週は相手方となる会社の人と直接対決で、今、事前準備を進めているところです」

「気合が入ってるな。これまでは、なるべく議論を避け、相手の自尊心に配慮して質問によって相手の感情を誘導するという方法を教えてきたが、君は弁護士だから、仕事上、相手を論破する力も必要になるね。質問力を鍛えることによってできる6つのうち、6番めの『議論に強くなる』について話そう。まあ、弁護士でなくても、**質問によって相手を説得するのは、相手の立場に立った論理的思考力が要求されるから、ある程度の議論力は身につける必要がある」**

直接対決を前にした僕は、タカさんのアドバイスに聞き入った。

「議論といえば、ソクラテスは古代ギリシアで当代一の議論の達人と言われていた。あまりにも多くの弁論家を論破してしまったために、恨みを買って、裁判に掛けられて死刑になったのは有名だ。プラトンの『ソクラテスの弁明』は読んだか?」

「いいえ」名前しか聞いたことがない。

「一度、読んだほうがいい。ためになる。読むと、ソクラテスが議論に負けなかった理由がわかる。なんだと思う?」

「ええと、誰よりも頭がよかったから?」

「まあ、それもあるだろうが」彼は笑った。

「答えは、質問だ。実は、彼の議論は質問によって成り立っている。ソクラテスは一方的に自分の主張を長々と述べたりしない。**相手に質問し、相手の回答を受けてまた質問する。そして、前に相手が答えた回答と、次に答える回答が矛盾するように巧妙に質問を組み立**

てているんだ。最終的に相手は、自分で矛盾を認めざるを得なくなり議論に負ける」

「なるほど」やはりソクラテスは頭がいい。

「議論というのは、自分の主張を根拠づける理由を強めると同時に、相手の主張を根拠づける理由を弱める作業を行うことだ。相手の主張を弱める強力な方法は、相手の主張の矛盾点を突くという方法だ。**『あれ？　先ほど言ったことと矛盾しませんか？』と言えれば、相手の論理を弱めることができる**」

「確かに、その手は非常に有効ですね」

「質問は相手に強制的に思考させ、答えさせる力がある。答える者は、答えによって自分の思考、立場を明らかにさせられる。さらに質問を重ねられると、自分が明らかにした立場に矛盾しないように答えなければならない。矛盾した答えをすれば、そこを突かれる」

「でも、質問する人は、自分の立場を明らかにする必要はありませんよね？」

「その通りだ。つまり、矛盾を攻撃されることがない。**質問する者というのは、自分は安全な立場にいて相手を攻撃できる立場にある者のことだ。**裁判の証人尋問における弁護士というのは、まさにこの立場だな」

僕はまだ裁判で証人尋問をしたことがない。鋭い質問をして、相手方をあっと言わせている自分を思い浮かべた。

「議論を有利に展開したいならば、答える側ではなく、質問する側に回らなければならないということをよく覚えておくといい」

「はい」

帰り道、僕は本屋に寄って『ソクラテスの弁明』を買った。

賞賛と誘導質問の実践

熊田さんの勤務先のウエディングドレスサロンは銀座二丁目にあった。熊田さんとは、三越デパート前の交差点で待ち合わせをして、一緒に会社に向かった。

「会社は、マタハラを認めてくれるでしょうか？」

「任せてください」不安そうな彼女を勇気づけるべく、僕はなるべく頼りに見えるように言った。内心は緊張していたけれど、悟られるわけにはいかない。

会社が入っているビルは5階建てで、1階のショーウィンドウにはウエディングドレスが飾ってあった。なかも豪華で、外国映画で見るサロンといった雰囲気だ。結婚式を控えた女性にとって、きっとワクワクする場所だろう。一瞬、涼子のことが頭をよぎった。

奥の応接室に案内された。案内をする社員の女性も事情を知っているのだろう、気まずそうに、熊田さんのことをあまり見ないようにしていた。

しばらく待つと、高級そうなスーツに身を包んだ痩《や》せた長身の男性がやってきた。神経質そうな顔には余裕の笑みを浮かべ、もったいぶった態度で、主任という肩書が書かれた名刺を差し出す。熊田さんに嫌味を言い、退職を迫った本人だ。

「今日はお忙しいところ、お時間を頂きありがとうございます。弁護士の神澤健吾と申します」

名刺と僕をかわるがわる見て、元々浮かんでいた笑みをさらに広げた。僕を見て、こんな若造に何ができる、とでも思っているのかもしれない。

「ああ、どうも。主任の田口です。それにしても、弁護士さんも大変ですね。こんなくだらない言い掛かりにつき合わなくちゃいけないんだからね。まあ、あなたも私も忙しい身だし、手短に済ませましょう」

主任はまだバカにしたような笑いを浮かべている。熊田さんは下を向いて唇をかんでいた。僕は彼が一人で入ってきたことが気になった。

「お気遣いありがとうございます。ところで、今日は社長さんにはご同席して頂けないんでしょうか？」

主任の顔から笑みが消え、冷たい目になった。これがこの人の本来の性質なのだろう。

「あなたね、辞めた一社員のわがままで、社長を呼び出すなんて冗談じゃないですよ」

「そうですか。大変失礼しました」

以前の僕だったら、これでひるんだかもしれない。でも、タカさんのレクチャーのお陰か、前よりはいくらかタフになったようだ。緊張はしていたが動揺はしなかった。

僕は、話を引き出しやすくするために、この尊大な態度の人物の口を軽くしてやろうと思った。**人を賞賛して好意を得て、話を引き出しやすくするテクニックを使うことにする。**


「アルマーニのスーツですか？　素敵ですね。僕なんか、安いスーツしか買えなくて。いつか僕も、そんなスーツをオーダーして着てみたいですね」

「まあ、会社の品位にふさわしいようにしなくちゃいけないのでね」

さっきまで敵対心丸出しだったが、褒められてまんざらでもない顔をしている。内心とても自慢だったんだろう。僕が安いスーツしか買えないことと、いつかアルマーニのスーツを着てみたいと思っているのは本当のことだけれど。僕は賞賛を続ける。

「素晴らしい内装のお店ですね。海外のサロンみたいです。この不景気の時代に、銀座にこんな立派な店舗を持っているなんてすごいことです。社長の手腕と、主任であるあなたの手腕によるところが大きいんでしょうね」

「いやあ、それほどでもないですよ。今のお客さんはインターネットの口コミを見たりして、よく調べていますから、競争も激しいです。10軒も20軒も店を回って試すなんて人もザラですから。その中で選ばれなくちゃいけないから、なかなか大変ですよ」

弁護士が喧嘩をしに来たのではなさそうだ、と思ったのだろうか。

賞賛の効果もあり、主任の口も軽くなって、得意げに話してくれている。

「御社に頼む決め手は何でしょう?」

「やっぱり、品ぞろえのよさと接客のよさですね」

「なるほど。接客も重要なんですね」

「もちろんです。社員教育には力を入れてますよ。お客様は一番自分に似合うドレスを探しておられます。たくさんあるドレスの中から、運命の一着を決めるのは女性にとってはなかなか難しいものです。コーディネーターが話しやすい、親身になってくれるとか、最終的にはそういうところで頼むかどうかを決めるんです。一方で、会社的には一人の客にばかりに時間を掛けるわけにもいきません。的確にお客様の好みを把握して、その好みに合うドレスを勧めて、スムーズに契約まで持っていく、というスキルが必要です」

「そうですか。ただ、契約まで持っていくのはなかなか大変そうですね。1人のコーディネーターだと、平均で月何人くらい契約できるものですか？」

「まあ、5人できたら優秀なほうですね」

僕は内心でガッツポーズをした。まず、**僕が彼から引き出したかったのはこの情報だったからだ。**

「なるほど。勉強になりました。さて、依頼人の解雇の理由ですが、成績不良ということですが、具体的にはどういったことでしょうか？」

主任はやっと本題か、という感じで、意地の悪い笑みを浮かべた。

「そうですね。遅刻、欠勤が多いし、成績もよくなかったですね。仕事に対するやる気が見られなかったですし」

彼女は目を伏せたままだった。彼女の怒りや悔しさが伝わってくる。

「そうですか。しかし、遅刻、欠勤と解雇理由の成績不良とは無関係ではありませんか？」

「いやいや、勤務態度不良と成績不良ですよ」

「解雇通知書には、成績不良とだけ記載してあります。解雇の理由は成績不良ではないのですか？」

「ええ。そうでした。解雇理由は、成績不良です。解雇理由にはしていませんが、勤務態度も不良だったと言っただけですよ」

僕は、質問を重ねて主任を追い込んでいった。主任は、明らかにイライラし始めているようだった。

「そうですか。ところで、依頼人の契約人数の実績を見ると、８月は８人、９月は７人、10月は９人です。そうすると、さっき主任がおっしゃった平均の５人よりも多いですね。彼女はかなり優秀な社員だった、ということになるんじゃないですか？」

熊田さんが目を上げて、挑むようなまなざしで主任を見た。

自分で「５人契約できたら優秀」と答えてしまった主任は、矛盾に気づき焦っている。

「ええ、まあ。でも先月は３人ですし。前は優秀だったけど、今はやる気がなくなってきたということです」

「では、彼女はずっと平均以上の成績をあげてきたけれども、先月１カ月だけ平均を下回ったことが、成績不良の理由と理解してよろしいですか？」

「……」主任は苦虫をかみつぶしたような顔をしている。

「先月、彼女が妊娠されたってことは報告を受けてますよね？」

「まあ。でも妊娠は病気じゃないし、自己責任ですよね。そんなのを理由に仕事ができないって言うんじゃや、うちみたいに女性社員が大半の会社はたまったもんじゃないですよ」

女性社員が多い会社だからこそ、妊娠に対する正しい理解と配慮した対応をすることが必要なのに、このような偏見を持つ上司がいるとは働く女性達にとって不幸な話だ。でも、まだ引き出したい情報があるから、ここは反論せず相手に同意しておくことにする。

「そうですよね。主任という立場ですと大変ですね」

「本当ですよ」主任は、ちょっとホッとした様子だ。

僕はここで、一番使いたかったテクニックを使うことにした。**誘導質問だ。**

「12月13日に、熊田さんに対して言った『このまま働くの無理だよね？』という発言は、自主的に退職するように、という趣旨でおっしゃったのですか？」

「え、退職？　いやいや、そんなつもりはありません。熊田さんの体調を心配して聞いただけで、深い意味はないですよ」

うまくいった。「『このまま働くの無理だよね』と言いましたか？」と質問したとしたら、相手はマタハラと受け止められることを警戒して、「そんなことは言っていない」と答えただろう。**なので、言ったかどうかは質問せず、言ったことを前提に、その趣旨について質問したのだ。**

主任は言ったことを認めていることに気づいた様子はない。

「なるほど。『退職届を出すように』と言ったのも、依頼人の体調を心配して言ったということですか？」

もう一度、誘導質問をしてみる。

「退職届を出せ、なんて言ってませんよ」

ここは引っ掛からなかった。けど、想定の範囲内だ。

「今までに妊娠された社員の方もいらっしゃると思いますが、どうされたんですか？」

「みんな自分から退職しましたよ。周りに迷惑を掛けるんだから当然でしょう。熊田さんみたいに、自分のことしか考えていない人がいると困ります」

「みなさん、自主的に退職したと？」

「そうですよ」

「おかしいですね。以前こちらの社員だった佐藤さんという方にお話を聞いたら、あなたから『退職届を出さないなら解雇する。そうすると退職金も出ないことになる』と言われて、仕方なく退職届を出したと言っていました。今回も、退職させたかったけれど、熊田さんが同意しないので、解雇という形を取ったんじゃないですか？」

主任は憎々しげに僕を睨《にら》みつけている。

「そんなことはありません」

「他にも、何人かに話を聞きましたが、みなさんあなたから退職届を出すように言われた、と言っています。その旨を記載した陳述書もあります」

怒りのためか、主任の唇が震え出した。さあ、そろそろ大詰めだ。

「社長は、あなたが退職届を無理に書かせたり、解雇したりしていることをご存じなんですか？」

「無理になんて書かせてませんし、私が任されていますから」

「そうですか。あなたが否定されるのであれば、その点について、僕のほうから今度は社長に直接お話を伺いたいと思います」

主任が血相を変えた。

「ちょ、ちょっと待ってください。人事に関しては、私が社長から一任されているんですから、私を通してくれないと困ります」

「会社の代表権を持つのは社長です。僕が社長とコンタクトを取るのを、あなたが阻止することはできません。また、本日の会話は録音させて頂きました。あなたが熊田さんを成績優秀だと認めたこと、妊娠の報告を受けた後で『働くの無理だよね』というような圧力を掛けたことが録音されています。裁判所に提出することも検討する予定です」

僕はきっぱりと言い放ち、呆然としている主任を横目に、依頼人と共に席を立った。

翌日、社長から僕宛に直接電話が掛かってきた。会って話をしたいという。僕はまた会社に伺うと言った。

いよいよ社長と対決だ。熊田さんと待ち合わせて会社に向かった。

社長は、60代くらいで、銀縁のメガネを掛け、少し恰幅のいい体型をしていた。第一印象としては、誠実そうな人物に見えた。おそらく主任の言う通り、人事については彼に任せていて、細かい事情は知らなかったのだろう。

彼は、開口一番、次のように話し出した。

「主任の田口から話はお聞きしました。田口に任せっきりにしていて、詳しい事情を知らなかったのですが、代表者として、もちろんそれでは済まされないことです。彼のような者に、人事を任せていた私に問題がありました。全て私の責任です」

それから、熊田さんに顔を向けると、頭を下げて言った。

「本当に申し訳なかった。実は私の娘も今、妊娠している。私は孫の誕生を心待ちにしているんだ。自分の娘が、もし今回のような扱いを受けたら、私は絶対に黙っていないだろう。それなのに自分の会社が、こんなに酷い仕打ちをしていたとは、本当に情けない限りだ。早速、産休の制度を整え、対策を講じよう。君にその気があれば、ぜひ子供を産んだ後に戻ってきてほしい」

熊田さんは、嬉し泣きしていた。社長と対決だと意気込んでいた僕は、正直ちょっと拍子抜けをしてしまった。でも、裁判に持ち込んでも勝てたはずだ。

それもこれも、全て質問力のお陰だと思った。有利な証言を引き出せたことで、必要以上に相手と争うことなく、このような完全勝利を勝ち取ることができたのだ。

会社は熊田さんに慰謝料を支払い、産休も取れることになった。主任の田口は退職したそうだ。予想以上の結果が出たのは先生のお陰だと熊田さんに言われて、僕は照れくさかったが、嬉しかった。

数カ月後、僕のパソコンに熊田さんから1通のメールが届いた。

メールに添付ファイルがあったので、開けてみると、目元が熊田さんにそっくりな満面の笑みの赤ちゃんの写真が添付されていた。

「今日が人生最後の日だったら？」

僕は、ジムに着いてタカさんを見つけると早速、熊田さんの件を報告した。どういう戦略を立て、どういう質問で心を開かせ、どういう質問で答えを誘導したのか、守秘義務に反しない限りで説明した。タカさんに褒めてほしかった。

タカさんは、最後まで聞いてくれたが、「そうか。それはよかった。じゃあ、トレーニングを始めようか」と言っただけだった。

え、それだけ？　僕はタカさんが教えてくれたテクニックを使って仕事で成功したんだ。師匠として、少しは誇らしく思ってくれてもいいんじゃないか？　僕は落胆と同時に少し怒りすら感じたが、仕方ないのでその怒りをトレーニングにぶつけることにした。

しかし、指定されたトレーニングは、腹筋だった。くそう。腹筋運動は地味すぎて怒りをぶつけられない！

トレーニングが終わると、いつものようにホテルに移動して、質問力のレッスンが始まった。熊田さんの件には一切、触れられなかった。

「相手が本来の目的を見失っているときは、核心を突く質問をして、本来の目的を思い出させ、自分を取り戻させる必要がある。質問をされると、人は強制的に思考し、答えを出そうとすると最初に言ったね。それは人がどんな心情にあっても当てはまる。**たった一つの質問が、人の心に劇的に浸透することがあるんだよ。**ちょっと目をつぶってみてくれ」

僕は、目をつぶった。

「今から質問をする。その質問をよく考えてみてほしい」

僕は耳をすませた。どんな質問なんだろう。

「君は今、ハイジャックされた飛行機の中にいる。飛行機は、地面に向かってすごい勢いで飛んでいる。あと1分もすれば地面に激突して君は死ぬだろう。**もし君が、死を目前としてあと1本しか電話が掛けられないとしたら誰に掛ける？　そして、どんな話をする？**」

僕は、その場面を想像した。僕が死ぬとしたら、誰に電話を掛けるだろう？　涼子の顔も浮かんだが、やはり最初に掛けるのは父と母だ。二人にはこれまでずいぶん迷惑を掛けたけど、いつも僕の味方でいてくれた。それなのに、僕はほとんど実家には帰らないし、電話すら滅多に掛けない。今まで育ててもらったのに「ありがとう」の一言すら言っていない。死ぬ直前に電話をするとしたら、二人に「ありがとう」と言いたい。

すると、タカさんは、次の質問をした。

「答えは見つかったかい？　その電話は、死の直前まで待つ必要はないんだよ。今すぐ掛けたらどうだい？」

僕は衝撃を受けた。確かにそうだ。「いつかは親孝行をしたい」とか「旅行に連れていってあげたい」とか思ってはいるけれど、「それは弁護士として成功してから、もっと先のことだ」と思っていた。でも、そのいつかは確実にくるかどうかわからない。そんなことを考えているくらいなら、今すぐ電話をして感謝を伝えたほうがいいに決まっている。

「どうかな？　質問は、強制的にその人に質問の内容を考えさせる。そして、質問の仕方によっては、その人に衝撃的な体験をさせることだってできるんだ」

全くその通りだ。そして今日、帰ったら真っ先に実家に電話しようと思った。

質問で、相手に本当に大切なことに気づかせることができる。親しければ親しいほど、相手の存在が当たり前になり、感謝の気持ちを忘れてしまうことがある。その相手のことを愛してはいても、日常の中で、イライラして八つ当たりしてしまったりすることもあるだろう。そういうときはこう質問してみるといい。今日が人生最後の日ならどうする？この人と会えるのが、今日が最後ならどうする？」

僕は何も言葉を返すことができなかった。

「アップルの創設者であるスティーブ・ジョブズが、スタンフォード大学の卒業祝賀スピーチで次のように語った。**『もし今日が自分の人生最後の日だとしたら、今日やる予定のことを私は本当にやりたいだろうか？』**と。私達の仕事も、そうありたいものだ」

僕は帰り道、この質問について考えてみた。

今日が人生最後の日なら？　家族や涼子と会えるのが最後なら？

次会ったとき話そう、次会ったときは優しくしよう、次……。

次はないかもしれない。それは誰にもわからない。本当に確実なのは、今この瞬間しかない、ということに気づいた。たった一つの仕事の成果を褒めるより、もっとずっと大切なことをタカさんは教えてくれたのだ。

熟年離婚の危機

勉強会で知り合った会社経営者からの紹介で、離婚の相談を受けることになった。相談者は63歳の男性だ。

「弁護士の神澤です。よろしくお願いします」

「堀江です。よろしくお願いします」

彼は意気消沈《いきしょうちん》しているように見えた。35年も連れ添った妻から突然、離婚を切り出されたのだから無理もない。

相談者自身は、夫婦仲に問題があるとは全く思っておらず、妻からの離婚の話が寝耳に水だったようだ。奥さんのほうは、前々から準備をしていたらしく、既に一人で暮らせるアパートを借り、家を出ていってしまったということだった。

「私が何を言っても『離婚してください』の一点張りなんです。理由を言えと言ったんですが、言ってもわからないからムダだと言うんですよ。まったく、本当に意味がわからない。妻ももう還暦を迎えたし、男ができたなんてバカげたことはないと思うんですが。今まで私が働いて食わせてやってきたのに、恩知らずにもほどがありますよ」

話しているうちに、怒りがわいてきたのか、口調が熱を帯びてきた。

「自分で言うのもなんですが、35年間、家族のために真面目に働いてきたつもりです。子供達だって大学まで出して。ずっと営業畑で、仕事が忙しかったから、帰りは遅かったし、子供のことや家のことなんかは妻に任せっきりにしていたところはありました。それは認めますが、でもそんなの、どこの家庭だって同じでしょう。何も不満はないはずだ。妻がこんなにわがままな女だとは思いませんでした」

法律相談の中でも離婚の相談は多い。双方の感情が絡むから、相談件数は多いが厄介《やっかい》だという印象があった。

堀江さんの場合は、いわゆる熟年離婚というものに当てはまる。

一般的に離婚の原因として考えられるのは、暴力、不倫、借金などだ。

もし堀江さんが暴力をふるったり、不倫をしていたりするような事情があるならば、離婚は当然だと思う。だが、堀江さんの場合、本人が寝耳に水だったのは嘘ではないようだし、暴力や不倫が原因とは考えにくい。

それ以外で原因として多いのが「会話がない」とか「感謝されない」といったものだ。男性と女性の認識というのは大きく異なるらしく、夫は会話がなくても平気なのに対し、妻は不満を募らせていることが多いという。

夫が退職してずっと家にいるようになると、妻の不満がどんどん増えるものらしい。今回のケースもそれに当てはまるかどうか……。


僕はまず、質問をして情報収集をすることにした。

「奥様について少し質問させてください。奥様はどのような方ですか？」

「どんなって……うーん、普通の主婦ですよ」

しまった。これはオープンクエスチョンで、質問内容が漠然としているため答えにくい。

情報を得るためには、答えやすい質問をしなくてはいけないんだった。

僕はクローズドクエスチョンに質問を変えた。

「奥様は社交的なほうですか？」

「そうじゃないと思いますけどね。おとなしいほうだと思いますよ」

「お友達はいました？」

「友達も少しはいたと思いますけどね。前はたまに食事に行ったりしていたみたいですけど、最近はあまりつき合いがないんじゃないですかね」

「そうですか。夫婦での会話は多いほうですか？」

「会話は少ないほうかもしれないですね。私はあまり口数が多いタイプじゃないんで。自分から話したりは特にしなかったかな。男ですからね、そんなもんでしょ」

「奥様はどうでした？」

「そうですね。そういえば、若いころはよく喋る女だったような……。そんなところを、かわいらしいなんて思っていたころがあったな」

若いころのことを思い出したのか、堀江さんの表情が少し緩む。

口下手な堀江さんには、どうやらクローズドクエスチョンのほうが答えやすいようだ。

「最近は奥様から話をされることはあまりないんですか？」

「まあ、そうですね。でも35年も夫婦でいたんだから、そんなに話すこともなくなるし、会話なんて減ってくるのは当然でしょう。みんな、そんなもんじゃないですか」

僕の両親も、父はあまり口数の多いほうではない。主に母が話し、父は黙って聞いていることが多い。けれど、母が何か質問したり意見を求めたときは、きちんと答えている。

次に、タカさん夫婦のことを思い浮かべた。タカさんはエマさんの話を、それはもう真剣に、嬉しそうに聞く。そして様々なことに関し、お互いの考えを言い合う。そうすることで、お互いの関係をより深めているように感じる。

堀江さん夫婦は、そのような夫婦の会話が全くなかったのだろう。

「なるほど。では、奥様の趣味は何ですか？」

「趣味？　さあ？」

「最近、好きなことや、今やっていることとか、何かないですか？」

「うーん、よくわかりません」

「では、奥様の好きな食べ物は何ですか？」

「特に好き嫌いはなかったと思いますが……。好きなもの、なんだったけな」

やはり堀江さんは、最近の奥さんのことについては何も知らない。35年も一緒にいて、こんなに相手のことがわからないものなのだろうか。

「今まで離婚の話になったことなどありますか？」

「そうですねぇ……まだ子供が小さいとき、喧嘩をして妻が実家に帰ったなんてことはありましたが。それももう20年くらい前の話で、最近はそんなことなかったです」

「喧嘩もなかったですか？」

「はい」

喧嘩という以前に、そもそも二人のコミュニケーションが取れていないのだろう。

「それでは次に、堀江さんご自身のことについて聞かせてください。今年の３月に退職されたんですよね？　最近は、どのような生活をされてたんですか？」

「趣味のゴルフに行ったり、本を読んだり、散歩をしたりしています。最初はゆっくり過ごしたいと思ってましたから。それに元々、あまり出掛けるのは好きじゃないんです」

「なるほど。奥様と一緒に出掛けることもあまりなかったんですか？」

「二人で出掛けることはあまりないですね。親戚の結婚式や葬式くらいですかね」

「そうですか。奥様も、あまり出掛けるのは好きじゃないんですか？」

「いや、女房はわりと出掛けるのは好きなほうだったと思います。でも、私が苦手なのを知ってましたから、好きな映画なんかは、たまに一人で観に行ったりしてるようでしたけどね。そういえば、旅行も昔は好きだったな」

「そうですか。最近は旅行も行ってないですか？」

「行ってないですね。子供が小さいときは、年に1回くらいは家族旅行には行っていましたが、子供達ももう一人立ちしましたし。旅行も疲れますからねぇ」

こんな調子で質問をしていくうちに、少しわかってきたような気がする。

原因は、堀江さんの奥さんに対する無関心なのではないだろうか？

堀江さんの話を聞いていると、最近の奥さんの様子について何も知らない。会話もほとんどないようだ。退職後は自分のやりたいことだけをやって生活している。奥さんは、そんな夫を日々見ていて、ずっと一緒にいるのが苦痛になったのではないだろうか？

「わかりました。では、今後の方針ですが、今後については、やはり一番望むのは奥様が戻られることですよね？」

「そうですね。こんなわけのわからないまま離婚に同意なんてできません。あいつが謝るならば、許してやってもいいとは思っています」

「なるほど。では、奥様が翻意《ほんい》して戻られるか、あるいは堀江さんが離婚に同意するか。同意しないのであれば話し合いを行い、それでも合意できなければ家庭裁判所での調停を申し立てる、という流れになります」

「裁判なんて……」堀江さんは、情けないというように首を振った。

「とりあえず、奥様に話を聞いてみようと思います。奥様が何を望んでいるのか、なぜ離婚したいのか、その気持ちを聞き出すことが第一歩だと思います」

「わかりました。よろしくお願いします」

同じ方向を向く

その日は、ちょうどレッスンの日だった。

「今日はタカさんとエマさんについて、ちょっと聞きたいのですがいいですか？」

「ああ、いいよ」

「お二人はいつも本当に仲がいいですよね。喧嘩とかされないんですか？」

「しない。喧嘩というのは、感情と感情がぶつかり合って対立する、ということだろう。お互いが自分の事情しか考えず、相手の言動が自分に対する侵害行為だと捉えて、敵対してしまう状態だ。私は、彼女が幸福な気持ちでいることが、自分が幸福でいられる第一条件だとわかっているから、そもそも敵対することがない」

「はあ……なんか、すごいですね」僕は苦笑した。

「どこが？　人は誰だって幸福でいたいものだろう？」

「そうなんですけど。でも、いくら相手のことを大切に思っても、ついカッとなったり心にもないことを言ってしまったりすることも、普通あるじゃないですか？」

「**自分が何に価値を置いているかということを常に意識していれば、ついカッとなるなんてこともなくなる。**一時の感情に振り回されて、大切なものを失ったりするようなことはしたくない。で、どうしてそんなことを聞く？」


「今、離婚の相談を受けているんです。35年も連れ添ったご夫婦の奥さんから離婚を切り出されていて。夫のほうは心当たりがないというんですが、話を聞くと、普段から奥さんとの会話もなく、無関心のようなんです」

「なるほど。夫婦間の問題は難しいな。夫婦となったからには、お互い一番の味方でいることが望ましいが、関係がうまくいっていない夫婦というのは、常に敵対しているようなものだ。たとえば、よく聞く話だが、仕事に掛かり切りの夫に対し、子育てや家事を手伝ってもらいたいと妻が不満を言ったとする。このとき『家のことはお前の仕事だろう。俺が働いて食わせてやっているんだからありがたく思え』なんて言われて、『そうだった、ありがたいことだ』なんて妻が思うだろうか？」

「間違いなく思わないですね」

「そうだろう。『私だって家族のために働いているのに』という感情が芽生え、感情が敵対する。では『わかった、手伝えばいいんだろ。何をすればいい？』と言ったら？」

「それでも奥さんの気持ちは、あまり晴れない気がします」

「夫が実際に家事を少し手伝ったとしても？」

「はい。多分、奥さんはただ手伝ってもらいたいわけじゃないから。いやいや手伝ってもらっても嬉しくないと思います。もっと家庭を大切にしてほしい、家事や育児をやっている自分に感謝してほしい、と思っているんじゃないでしょうか？」

「うん、そうだな。家事を手伝ってほしい、という言葉の下に、もっと自分を大切にしてほしいという要望が隠れているということだ。この隠れた要望を探るためには……」

彼は僕を見た。「質問ですね」

「その通り。**相手の目線に立ち、小さな質問をしていく。**その質問がたとえ的を射たものでなかったとしても、質問による思考の強制力により、相手は質問に対し考え、答えることになる。それを繰り返すことで、原因が次第に明確化し、会話の内容も深くなるだろう。そうすることで、自分でも意識していなかった隠れた要望までいきつけるかもしれない」

「カウンセリングのようなものでしょうか?」

「そうだね。**大切なのは背景を探ることだ。**それまで問題にならなかったのに、今になって妻が文句を言ったり、行動を起こしたりするのには理由があるはずだ。実は結婚してから今までずっとそう思っていて我慢していたのかもしれないし、最近、何らかの問題やきっかけがあったのかもしれない。いずれにしろ、**注意点は、答えてもらいたい相手に対し、反発や追及する言葉、感情的な言葉を返さないことだ。**このような言葉を返すと、対立が激化し、解決から遠ざかることになる」

「わかりました」

「夫婦間の問題は、自分の問題を解決するだけではいけない。自分の問題と同時に相手の問題も解決しなければいけないんだ。愛とはお互い見つめ合うことではなく、共に同じ方向を見つめることだから」

「かっこいい言葉ですね」

「私が言った、と言いたいが、サン＝テグジュペリの言葉だ。ちなみに『恋は人を盲目にするが、結婚は視力を戻してくれる』というリヒテンベルクの言葉もある」

「じゃあ、視力が戻った目で、同じ方向を向けばいいということですね」

「うまいこと言うな」タカさんが笑った。

タカさんの言葉は説得力がある。弁護士になったとしても成功したに違いない。

妻の本音

堀江さんの奥さんと会う日になった。

事前にアポイントを取るために電話したときは、落ち着いた声で対応してくれた。こちらの話を一切聞かないような、ヒステリックな女性でなくてよかったと、僕は胸を撫《な》で下ろした。僕と堀江さんと3人で話し合いをすることも承諾《しょうだく》してくれた。

僕の事務所は自宅なので、外で落ち合うことにした。ただ、話の内容が内容なので、音楽が掛かっていて、隣の話が聞こえにくい喫茶店を探し、そこを指定した。

堀江さんには、奥さんとの約束の時間よりも早めに来てもらって、タカさんにもらったアドバイスをした。

「奥様が話しているときに、反発する言葉や追及する言葉、感情的な言葉で口をはさんだりしないでください。それでは対立を激化するだけで、何の解決にもなりませんから。今日の目的は、あくまでも奥様の気持ちを聞くことです」

「わかりました。よろしくお願いします」


時間ちょうどに現れた女性は、電話で話した印象通り、落ち着いた穏やかな雰囲気の女性だったが、やはり少し緊張しているように見えた。

「はじめまして。弁護士の神澤健吾です」

「はじめまして。堀江里美です」

黙って難しい顔をしている堀江さんをちらりと見てから目をそらし、椅子に座った。

「今日はお越し頂いてありがとうございました。ご主人からお話を伺いました。早速ですが、いくつかお聞きしてもよろしいでしょうか?」

「はい、どうぞ」

「奥様から離婚を切り出されて、家を出たとお伺いしましたが、離婚の理由をお聞かせ頂けますか?」

奥さんはしばらく言葉を探しているようだったが、やがて言った。

「この人と一緒に暮らすことが、耐えられなくなってしまったんです」

「なんだよ、それ」堀江さんが怒って言った。

僕は堀江さんを目で制した。反発してはいけない、と堀江さんは思い出したのか黙った。僕は質問を続けた。

「それはどうしてですか？」

「一言で言うのは難しいんですけど……」奥さんはまた言葉を探して、沈黙が続いた。

たまりかねたように堀江さんが言った。

「ちゃんと説明してくれなくちゃわからないだろう」

奥さんはキッとなって言った。

「こんなふうになる前に、何度もあなたと話をしようとはしました」

「何？　俺は聞いてないぞ」

「夜は仕事で疲れてるだろうと思ったから、休みの日に話そうとしてもゴルフに出掛けていたり、夜に私が話し出しても、私の顔もろくに見ないで新聞を読んでいたり、テレビを見たりで、ちっとも話を聞こうとしなかった」

「大事な話なら、そう言ってちゃんと話してくれればよかったんだ。大体いつもお前は後になってから……」

「堀江さん、今は奥様のお話を聞きましょう」

僕の言葉で、また反論してはいけないということを思い出し、口をつぐんだ。

「そうやって、あなたはいつも私の話を途中で遮って、最後まで聞こうとしなかったじゃないですか。自分の意見が一番正しくて、私がそれに従うのが当たり前だと思っている。私が自分の気持ちを言ってもすぐに否定されてしまう」

「ご主人が、奥様の話を聞かなかったということでしょうか？」

「はい。この人は私に全然関心がないんです」

「何を言ってるんだ」

「堀江さんは少し黙っていてください。全然関心がないと、どうして思われたのですか？」


僕が話を促すと、奥さんは訥々《とつとつ》といかに自分が苦労し、苦しんできたかを語り出した。

「あなたは、知っていましたか？　子供が小さくて大変なときも、あなたは育児を全く手伝ってくれなかったこと。私が体調を崩しても、体調管理がなっていないと怒るので、それから体調が悪くてもあなたに言えなくなったこと。あなたは私が外出することをあまり好まなかったから、友達に誘われた食事会に行くのも我慢していたこと。そのせいで今、気軽に会える友達がいなくなってしまったこと。パート先で正社員の話が来たとき、私は嬉しかったのに、あなたが『俺に昇進の話が出ているのに、今まで以上に忙しくなるかもしれないから困る』と言ったので断ったこと。旅行することが大好きだったのに、あなたが『休日は休みたい』と言い出してから我慢していたこと……。私が色々なことをずっと我慢していたことを知っていましたか？　あなたは私の話なんかいつも聞いてくれないし、私が傷ついていることを想像することすらしなかったでしょう？」

奥さんは、堰《せき》を切ったように話を続ける。

「あなたは『退職したらゴルフがもっとできる』とか『釣りもしたい』とか言ってましたね。第二の人生を謳歌《おうか》するつもりなんでしょう。でもその人生の中に、私の存在は見えませんでした。これまでのように会話もせず、家政婦のように、食事を作ったり掃除をしたりする私はいたかもしれない。でも、共に人生を歩む存在としての私はいなかった。こんな寂しさ抱えたまま、これからも毎日あなたのそばで、黙って生活していかなくちゃいけないのか……。そう思ったら辛かった」

堀江さんは、驚きの表情を浮かべていた。彼女の言う通り、妻のそんな気持ちについて想像したことがなかったのだろう。**彼女が話すこと、聞いてもらうこと、自分を認めてもらうことに長年飢えていたという事実が、小さな質問を重ねることで明らかになった。**

僕は言った。

「奥様は、ずっと我慢してらしたんですね。それでも、長年住んだ家を出て、離婚すると決めることは大変な決断だったと思います。何かきっかけがあったのでしょうか？」

彼女は少し口ごもりながら言った。

「きっかけは、あの、映画を見て……」

聞くと、それは日本でもヒットした『グレイテスト・ショーマン』という映画だった。涼子が見たいと言ったので、僕も映画館で見た。


「映画の真似か？　何をバカなこと言ってるんだ」堀江さんが言った。

「あなたは、きっとそう言うと思ってました。だから、もうこれ以上話してもムダだと。このままの状態であなたと一緒にいたら、どんどん私はあなたを憎むようになっていきます。これ以上あなたを憎む気持ちが大きくなる前に、どうしても家を出ていきたかった。それが理由です」

堀江さんは、怒りと驚きで口もきけないようだった。

「率直にお話し頂き、ありがとうございました。今後の対応については、ご主人と相談したいと思います」

あなたにとって本当に大切なものは?

彼女は帰り、僕は依頼人と二人になった。

「まったく、あいつは何を言っているんだか」堀江さんは呆れたように言った。

しかし、僕は奥さんの気持ちがよくわかった。ここは言わないでいられなかった。

「私のような若輩者《じゃくはいもの》から言うのもどうかとは思いますが、あえて言わせて頂きます。言うというより、質問させて頂きます。**奥様の話を聞いて、本当に奥様のわがままだと思いますか?** 奥様が出て行ったのは、このまま一緒にいたら堀江さんのことを憎むようになってしまうからとおっしゃっていましたが、裏を返せば、これ以上憎みたくないという気持ちがあるからじゃないんですか?」

堀江さんは僕の顔を食い入るように見つめてきた。

「奥様がいなくなられての生活はどうですか? ただ家事をする人がいなくて不便なだけですか? **堀江さんにとって、人生の中で一番価値を置いているものは何ですか?** 自分一人で、好きなことをやって暮らしていくことですか? その価値と、奥様と一緒に暮らしていく価値はどちらが高いですか?」

僕が一気に質問を終えると、堀江さんは静かに視線を落とした。

「私からの質問は以上です。少し考えてみて頂けませんか？」僕は席を立った。

「先ほど奥さんの話していた映画の主人公は、ラストで本当に大切なものは何かと気づいて、奥さんのことを迎えに行くんです。あなたにとって本当に大切なものは何ですか？」

堀江さんは黙っていた。


それから3日後、堀江さんから電話が来た。

「あれから妻の言ったこと、先生からの質問をずっと考えていたんです。私はまた妻と暮らしたい。あいつが好きなことも一緒にやってみたい。そう思います。妻が許してくれるなら。まず先生から言ってやってもらえませんか？」

さらに3カ月後、今度は奥さんから手紙が来た。

夫が変わったこと、すぐには無理だが、少しずつ関係を取り戻していくことは可能かもしれないと思うこと、そんなことが書かれていた。

僕は、その手紙を丁寧にファイルに綴《と》じた。

第4章の「夢実現へのロードマップ」

- 質問を答える人は、答えによって自分の思考、立場を明らかにさせられる。さらに質問を重ねられると、自分が明らかにした立場に矛盾しないように答えなければならない。
- 質問する人は、自分の立場を明らかにする必要はなく、矛盾を攻撃されることがない。質問する人というのは、自分は安全な立場にいながら相手を攻撃できる。
- 議論の場では質問者になること。相手に質問し、相手の回答を受けてまた質問する。前に相手が答えた回答と、次に答える回答が矛盾するように巧妙に質問を組み立てること。
- 議論する相手を賞賛して好意を得たり油断させたりして、話を引き出しやすくするテクニックは使える。**【誘導質問】**にも引っ掛かりやすくなる。
- 議論で必要な情報を得るためには、答えやすい質問をしなくてはいけない。**【クローズドクエスチョン】**に質問を変える戦術は有効。
- 論点の背景を探るには、相手の目線に立ち小さな質問を重ねていくこと。
- たった一つの質問が、人の心に劇的に浸透することがある。質問で、相手に本当に大切なことに気づかせることができる。

第5章 交渉にも質問を駆使する

狂い始めた歯車

僕の仕事は軌道に乗ってきた。会社関係の依頼者が増え、顧問会社もいくつか持つようになったので、収入も安定してきた。そしてついに、コンビニのバイトも卒業した。

10時から法廷（裁判所）、午後は法律相談や打ち合わせ、合間に書類作成、夜は交流会やセミナーに参加、というのが大体の僕の一日になった。

依頼が増えてくるにつれて、勉強しなければいけないこともたくさん増えてきたので、帰宅してからも本や判例を読んだりと、デスクに向かうことが多くなった。

自宅を事務所として開業したので、相談者や依頼人と会うときは喫茶店や相手の会社などに行っていたが、忙しくなるにつれて移動時間がもったいないと思うようになった。

そんなとき、交流会で親しくなり、先日顧問になることになったオフィスのネットワーク関連の会社の社長から、今工事に携《たずさ》わっていて近々オープン予定のレンタルオフィスがあるというので、見学させてもらうことになった。駅から近いので、依頼人に来てもらうにも便利そうだ。

１人～２人用の個室は、デスクを２つ置いたら一杯になるほどの広さだが、共有スペースには５つの会議室、大型のコピー機、自動販売機が置いてあるラウンジ、ガスコンロがついている小さなキッチンまであった。月３万円から借りられるというので、そこを事務所にすることにした。これで相談者や依頼人を自分の事務所に呼ぶことができる。

何より、貸事務所とはいえ、自宅ではなくきちんと自分の事務所を持てたということが嬉しくて、僕はタカさんにそのことを話した。

「それはよかった」

「レンタルオフィスですし、とても狭い事務所ですけどね」

「狭くても一国一城の主には違いない」

一国一城の主。いい響きだ。

「はい、お陰様でどんどん依頼が増えてきました。**テクニックがわかると、人を動かすのって簡単なんですね」**

彼は物言いたげな眼差しで僕を見た。

「簡単……か。どうかな。私が前に言った、人を動かすのは手段であって目的ではない、ということを忘れないようにしなければいけないよ」

「……？　はい」

返事はしたものの、浮かれていた僕は、このときはタカさんの言葉を深く考えることもしなかった。


「は？　それが私のせいだとおっしゃりたいのですか？」

僕は苛立ちを隠せなかった。次の依頼人が既に会議室で待っている。

「私は弁護士として、あなたの依頼通りの仕事をしたまでです。そのようなことを今さら言われても対応しかねます。次の予定が控えていますので失礼します」

電話を切って、どうにか苛立ちを鎮《しず》めようとする。その案件は、土地の境界線に関するトラブルで、隣人と争っているものだった。僕は、その隣人である相手方と交渉し、質問力を駆使して、こちらの要求をのませることに成功し、事件は解決した。

しかし、その後、交渉した相手の一家が引っ越しし、そのため近所から、依頼人のせいで隣の一家が引っ越さざるを得なくなった、という噂が立ったというのだ。その上、依頼人の子供が、通っている小学校でクラスメートから「おまえのうちが小林君を追い出したんだ」などと言われ仲間外れにされており、学校へ行きたくないと言っているという。

そんなことを僕に相談されてもどうしようもない。僕は弁護士として境界線の問題を解決することを依頼され、それがうまく解決できたのだから、それ以上は僕の知ったことではない。子供が学校でいじめられているなんて、僕に言われたって困る。

とにかく忙しい。今週も週末のジムには行けそうにない。ここ数カ月ずっとそうだった。だからといってタカさんは特に何も言ってこなかったし、僕も今まで教えてもらったことの実践で十分うまくいっていたので、この調子ならばもうレッスンがなくても大丈夫かもしれない、と思い始めていた矢先のことだった。

僕はもやもやした気持ちを抱えたまま家に帰った。

普段はあまり仕事の話を涼子にしないのだが、久しぶりに夜の予定もなく、家でちびちびと安いウイスキーを飲んでいた僕は、ついその境界線トラブルのことを話した。

すると、涼子は「それって、健吾はその問題を解決したって言えるの？」と言った。

「は？　解決できたに決まってるじゃないか。何を言ってるんだ？」

僕がついカッとなって言い返すと、涼子はまっすぐに僕を見て言った。

「最近の健吾を見てると、前より冷たい感じがする。頑張って仕事してるのはわかるけど、忙しすぎてお客さんのこと、ちゃんと考える時間が減ってるってこともあるんじゃない？ **自分の言うことを聞かせて、仕事を手っ取り早く処理しようとしてるようにも感じるよ**」

「そんなことない。大体、涼子に、弁護士の仕事のことなんてわからないんだから、口を出すなよ」

自分から話しておいて理不尽なことを言っているという自覚はあったが、自分を抑えられなかった。僕はただ涼子に共感してほしかっただけなのだ。

涼子はそれ以上、何も言わなかった。

出ていった恋人

なぜかそれ以降、色々なことがうまくいかなくなってきた。紹介で相談を受けて「報酬は、タイムチャージ方式と、成功報酬方式のどちらがよろしいですか？」と、契約しない選択肢を排除する誘導質問をしても、「検討します」と、契約を逃してしまった。

相手方と交渉するとき、質問によって場を和《なご》ませようとしても、うまくいかなくなった。

顧問先の一社は、顧問契約を解除すると通告してきた。

依頼件数が目に見えて減ってきた。元々、貯蓄があるわけではないので、毎月の経費が厳しくなってきた。この1カ月で依頼がないと、レンタルオフィスを解約しなければならないだろう。また、自宅事務所に逆戻りだ。

涼子とも、この間の言い争いがあってから、あまり会話がない。それどころか、たまに話しても険悪な雰囲気になってしまうことが増えた。仕事がうまくいかないイライラを、つい涼子にぶつけてしまう僕も悪いかもしれないが、それでも僕が落ち込んでいるときくらい、優しくしてくれてもいいじゃないかと思う。

それにしても一体、何がどうなっているんだ。何が質問力だ。全然効果がない！

僕の対処の仕方がおかしいのか？　いや、教わった通りやっているはずだ。

タカさんに相談しようかとも思ったが、『もうレッスンがなくても大丈夫だ』などと考えて、ジムから足が遠のきレッスンも受けていない自分が、困った状態になってまたタカさんに泣きつく、というのはどうにも情けない。

悶々《もんもん》とした日々を過ごしているうちに3カ月が経った。新規の依頼はなく、顧問会社も減り、レンタルオフィスは解約しなければならなくなった。

そして、涼子もいなくなった。

僕は今、何度も読んで覚えてしまった涼子からのメールを、またぼんやり眺めている。

「家を出ることにしました。ルームシェアの相手を探している友達のところに行くことにしたので心配しないでください。本当は面と向かって話し合うべきなんだろうけど、今話しても感情的にお互いを傷つけるだけになってしまう気がするので、メールにしました。前の健吾は、優しくて、人の気持ちをすごく思いやる人でした。私は健吾のそういうところが好きでした。**でも最近は、私を含め、他人を思い通りに操作することを目的に人づき合いをしているように感じます。**

弁護士としてはそれでいいのかもしれないけど、一緒に生活する相手としては、苦痛を感じます。このまま一緒にいることがお互いにとっていいことなのかわからなくなりました。しばらく離れて考えたいと思います。体には気をつけてね」

最初に読んだときは、寂しさより、涼子に対する苛立ちのほうが勝っていた。

何が悪いというのか？　僕はタカさんから質問力を教わり、会話を自分の望む方向に進めていくことができるようになった。そして、仕事がうまく進むようになっていった。弁護士として成功すれば、涼子も喜ぶだろうと思ってのことだ。

それなのに、どうして僕が責められなければいけないのか？

けれど、その弁護士としての仕事もうまくいかなくなってきた今、問題は自分にあるのではないかと考えるようになってきた。

僕は、自分でも意識しないうちに、涼子に言われたように、他人を思い通りに操作してコントロールすることを楽しむようになってしまったのかもしれない。

でも、どうしたらいいのかわからない。質問をすると、相手は、その質問について強制的に考えることになる。それは、他人をコントロールすることに他ならないではないか。質問力を使うと、他人をコントロールしてしまうことになるのは仕方ないことなのではないか。これをどう解決すればいいのか……。

人を動かすことは「手段」であって「目的」ではない

僕は、意を決してジムに行くことにした。たとえタカさんに怒られても、情けない奴と思われても、頭を下げて教えを乞おう。

タカさんはゆっくりとチンニングをしていた。チンニングというのは、いわゆる「懸垂」のことだ。

僕は、タカさんがトレーニングを終えるのを待って話し掛けた。

「ご無沙汰《ぶさた》してすみません。仕事が忙しかったものですから……。今日はちょっと相談したいことがあって」

「最近、仕事や人間関係の全てがうまくいかない、なぜなのか、考えても答えが見つからない、といったところか?」

僕は驚いた。「どうしてわかったんですか?」

「少し前から、君を見ていて感じていたんだ。**君は、質問力を少し学んで力をつけた気になっていた。そんなときが一番危ない**」

一息つくと、タカさんは話を続けた。


「こんな話がある。ある小学生のいじめられっ子が、いじめられるのがイヤで、喧嘩に強くなりたいと思った。喧嘩に強くなれば、いじめられなくなるばかりではなく、みんなと仲よくなれると思い、空手を習い出した。一生懸命に稽古に励んだら、技を覚え、どんどん強くなった。これならいじめられないだろう、ということで、いじめっ子と喧嘩をしたら勝った。その子は気分がよくなって、そのいじめっ子を子分のように扱い始めた。そうしたら、ますます気分がよくなって、次第にそのいじめっ子をいじめて楽しむようになった。すると、それまで仲のよかった友達は、みんなよそよそしくなり、その子を怖がるようになって、離れていった……。ついに、その子は独りぼっちになってしまった。君は、この子と似ていないか?」

まさに僕のことだ、と思った。

「人を動かすことは手段であって目的ではない、ということを忘れないように、といったが、その意味をきちんと考えなかったからだ。人に影響を与えるのは、とても気持ちがいいことだ。自分の自尊心が満足するからね。相手を動かすと、まるで自分に力が備わったかのような気持ちになる」

僕はうなだれて聞いていた。

「力を濫用《らんよう》してはいけないよ。力を濫用したら、後で必ず自分に返ってくる。それに、小手先のテクニックは相手に見透かされるものだ。君は自分の判断に従わせることが正しいと思い込んでいるんじゃないかい？ まず相手を知ること。相手がどのような人物で何に価値を置いており、どんなことに満足し、どんなことを恐れているのか、それを心から知ろうとしなければならない」

僕は、テクニックを使って人を動かした気でいた。自分に力が備わったと勘違いして、いつの間にか相手のことを、自分がコントロールする対象のように見てしまっていた。

会話をするときも「どうやって質問をすれば、相手の思考をコントロールできるようになるだろうか？」と自分に質問し、自分の思考を方向づけてしまっていた。

涼子からの質問も思い出した。

『その問題を解決したと言えるの？』

依頼者にとっての本当の解決とは何か？　それは、**相手に勝つことではなく、依頼者の本当の利益、幸せを獲得すること**だったのだ。

相手に勝ったとしても、それで恨みを買ってしまい、そのせいで依頼者と相手の関係がさらに悪化して依頼人が悩んでいる状況は、とても解決したと言えない。そんなことにも気づかないほど愚かだった自分が恥ずかしい。自然に涙が溢れ出る。

「僕は勘違いをしていました。いかに自分がバカだったかわかりました。僕にはまだまだ学ばなければいけないことがたくさんあることもよくわかりました。心を入れ替えて頑張りますので、まだ僕に教えてくれますか？」

僕は涙をふくこともせず、懇願するように彼に頼んだ。

彼はいたずらっぽく笑って親指を立てた。

心理学を応用した質問

久しぶりのトレーニングだった。最初はストレッチをしたが、少し身体が固くなったような気がした。しばらくトレーニングをサボってしまい、足腰が弱くなったように感じるので、今日は脚のトレーニングをすることにした。まずはスクワットだ。

いきなりバーベルを担ぐことはしない。怪我の恐れがあるので、必ずウォーミングアップを行う。まず、何も担がず、スクワットを何回か行う。フォームを確認した後、軽めの重さでバーベルスクワットを10回行った。

その後、片側20キロのバーベルをつけて、バーベルスクワットを10回行うことにした。以前はできたのに、8回めで、足が生まれたばかりの子鹿のようになり、それ以上続けられなかった。

やはり、弱くなっていたのだ。何事も、続けていないとすぐに弱くなってしまうのだ。たぶん、質問力も弱くなっているだろう。

バーベルスクワットを3セット終えた後は、ブルガリアンスクワットだ。ブルガリアンスクワットというのは、ベンチの前に後ろ向きに立ち、片足の甲をベンチの上に乗せたまま、片足でスクワットをする種目だ。両手にダンベルを持ってスクワットを行う。

この種目は、ハムストリングといって、太ももの裏側やお尻の筋肉を鍛える。久しぶりのため、お尻の筋肉がピキピキいっている。明日、筋肉痛になりそうだと思いながらも、3セットを終えた。

トレーニングを終えた後、ホテルに行くと、タカさんが出迎えてくれた。

質問力のレッスンも久しぶりだ。早速ノートを取り出して、タカさんの言葉を待った。

「君も今回、十分に反省したようだが、改めて確認したい。何度も言うが、**相手を操作することに喜びを見出さないこと**だ。その約束はできるね?」

「はい。もう二度と同じあやまちは犯さないと約束します」僕は神妙に答えた。


「よろしい。では、今日は心理学を利用した質問力のテクニックについて話そう。君は**『返報性の法則』**という言葉を知っているかい?」

「聞いたことがあります。相手から何かを与えられたら、お返しをしなければいけない気になるという心理のことですよね?」

「そうだ。この心理を利用した交渉テクニックは、ビジネスでよく使われている。たとえば、スーパーの試食がそうだ。店員が声を掛けて直接試食させることで、無料で試食した客は商品を買わなければ悪いような気になったりするね?」

「わかります。にこやかに話し掛けられたりすると、試食したものの味がそれほどでなくても、つい買ってしまうことがあります」

「その心理を利用するんだ。ただ、このテクニックの場合、相手に与えるのは、ものではなく『譲歩』だ。ある依頼をしたい場合、それより大きな依頼をしておいて拒絶させた後、譲歩して目的の依頼をする。これをドア・イン・ザ・フェイス・テクニックという」

僕は「返報性の法則」「ドア・イン・ザ・フェイス・テクニック」とノートに書いた。

「これは、営業しているセールスマンが、ドアが開いたらいきなり顔を突っ込む動作からきている。**たとえば、君がセールスマンで商品を売りたい場合、最初はわざと高額な商品を薦めておいて拒絶させ、その後に本当に購入してほしいと思っていた、より低額な商品を薦めると、客は断りにくくなる。**君が高額な商品を諦《あきら》めて、低額な商品を勧めるという譲歩をしたので、客のほうはコントラストの効果により安く感じるし、譲歩しなければ悪いという心理が生じるんだ」

「なるほど」

「弁護士も、このテクニックはよく使っているね？　損害賠償請求などでは、最初は本当に獲得したいと思っている金額よりも多い金額を請求しておいて、交渉でお互い譲歩し合い、適切な金額に落ち着くといったプロセスをたどることが多いだろう？」

確かに、裁判でも「これは認められないだろう」と思う請求でも、とにかく最初は請求しておく。実際に獲得したいと思う金額よりも、多い金額を請求額とするのが通常だ。

「このテクニックは色々な場面で使える。使いたいときは、3段構え、4段構えくらいの質問を用意しておいたほうがいいだろう。女性を誘うときも使える。**好みの女性を見つけたら、まず、いきなり『つき合ってくれないか？』と無理な質問をする。**断られたら『じゃあ食事に行かない？』と誘い、それでも断られたら『じゃあバーで1杯だけはどう？』と聞き、さらに断られたら『連絡先だけでも教えてくれない？』と聞く。女性は君を哀れに思って、連絡先を教えてくれるかもしれない」

僕は思わず笑ってしまった。

返報性の法則……相手から何か与えられたら、お返しをしたくなる心理。これをモノではなく「**譲歩**」でお返しするテクニックを「ドア・イン・ザ・フェイス・テクニック」という。3段構えや4段構えで使えるので、質問も3つか4つくらい用意しておく。

「次は『**一貫性の法則**』だ。人は一旦ある行動を取ると、それに矛盾した行動が取りづらくなり、その行動と一貫した行動を取るようになる傾向がある。いきなり依頼をしたら断られることでも、**最初に小さな依頼をOKしていると、次の大きな依頼に対してもOKしてしまう**ということだ。たとえば、自動車販売のショールームに行くとしよう。自動車販売では、自動車本体とオプションを全て決めて値段交渉をすると、購入率が低下する」

「なるほど」

「順番としては、自動車本体の購入を決断させ、その後にオプションを勧めるようにするんだ。一旦、自動車本体の購入を決断してしまうと、その後それを覆すのは難しい。購入を決めてからオプションを勧められると、結果的に高い買い物をすることになるんだ」

僕もジャケットを買いに行って買う商品を決めた後、「そのジャケットに合うシャツはいかがですか?」なんて薦められて、つい購入してしまったことがあった。確かに、最初からジャケットとシャツをセットで薦められていたら買わなかっただろう。


「これを使って、**一旦小さい質問で相手にある立場を取らせ、その後に追加で応諾させる質問法を『二段階質問法』**という。相手に1時間話を聞いてほしいとき、いきなり『1時間時間をください』と言うと断られる可能性が高いとしよう。そんなときは『5分だけ時間を頂けますか?』と、とりあえず話を聞く立場を取らせ、その後『もう少しお時間よろしいですか?』と、お願いすることだ。同僚に残業を代わってもらい、さらに自分がやるべき仕事をやってもらいたいとき、一度に二つ頼むと断られそうであれば、『申し訳ないけど、残業を代わってくれないかな?』と依頼して承諾を取りつけ、その後に『ついでにこれもやっておいてもらえると、すごく嬉しいんだけど』と頼んだほうが承諾の確率は高くなる」

その通りだと思いながら、僕はメモを取る。

一貫性の法則……一旦ある行動を取ると、それに矛盾した行動が取りづらくなり、その行動と一貫した行動を取るようになる。これを応用した「二段階質問法」は、まず小さい質問で相手にある立場を取らせ、その後の追加質問で最終的に承諾してもらう。

「もう一つ。『社会的証明の法則』も話しておこう。これは自分の判断が不確実なときに、他人の判断や行動を重要な判断要素としてしまう心理法則だ。**たとえば、家電量販店で家電を購入しようというとき『人気No.1』などと書いてあると、その家電を候補の一つにすることがあるだろう。**これは『他の多くの人が、いい家電であると判断したのだからいいのだろう』と考えるからだ。新聞の広告欄で書籍の広告を見ると、よく『10万部突破』などと書いてある。これも『多くの人が購入しているのでいい本だ』と思わせようとしているものだ。映画も観るかどうかの判断に、レビューをチェックする人は多い」

僕も、レビューの件数が多く評価が高ければ、きっといい作品だと推測する。

「この社会的証明の法則を使って相手を説得するには、たとえば『現在、80%の会社でこのシステムを導入しています。御社で導入されない特別な事情でもありますか？』などと質問する方法が考えられる。つまり、同じ種別に属する他の多数の人が取っている行動を指摘し、同じ行動を取るように勧める方法だ。ただし、この社会的証明の法則を使うには、他の多数が選択したという証拠を収集してから使う必要がある」

社会的証明の法則……自分の判断が不確実なとき、他人の判断や行動を重要な判断材料としてしまう心理。これに絡めて、他の多数が選択しているデータなどをもとに質問することで、相手の気持ちを動かせる。

「相手の気持ちを動かしたら、最後は相手に決断を迫ることになる。そのときは選択肢を限定し、その中から選んでもらう。人は、他人から命令されたり押しつけられることを嫌う。自分で決めたいんだ。しかし、あまりに選択肢が多いと、後悔することを恐れて決められなくなる。**選択肢は2つか3つが妥当だ。**４つ以上だと選ぶのが負担になる。レストランのコース料理でも、前菜やメインは２つか３つから選ぶ場合が多いだろう？」

「確かに」

「それも、この心理に配慮していると言える。レストランに限らず、3種類の中から1つ選ぶくらいが、客が一番心地よく感じるんだ。**まず質問で客のニーズを探って対象を絞っていき、ある程度絞り込んだら、2つか3つの選択肢を提示する。**そうすると、相手は決断しやすくなり、かつ後悔することも少なくなる」

聞いてみると、どれもその通りだと思えることだったが、こういう人間の心理を意識的に活用するということは、タカさんに教えてもらうまでは知らなかった。

最近、相談者を依頼につなげられなかったり、交渉でうまくいかないことが多かったが、これらのテクニックを使えば、うまく会話をコントロールできる気がした……。

おっと、いけない！

他人をコントロールすることを目的にしてはいけないのだ。**一番大切なことは『相手がどのような人物で何に価値を置いており、どんなことに満足して、どんなことを恐れているのかを心から知ろうとすること』だ。**これを常に、肝に銘じておかなければいけない。

翌日は起きた瞬間から、体中の筋肉が悲鳴を上げていた。特にお尻の筋肉が痛い。ブルガリアンスクワットが効いたようだ。その筋肉痛は、数日間続いた。

これからは、継続してトレーニングするようにしよう。

第5章の「夢実現へのロードマップ」

- 質問力で人を動かすのは手段であって目的ではない。特に、質問力を少し学んで力をつけた気になっているときが一番危ない。
- **【返報性の法則】**とは相手から何か与えられたら、お返しをしたくなる心理のこと。これをモノではなく「譲歩」でお返しする**【ドア・イン・ザ・フェイス・テクニック】**は、3段構えや4段構えで使えるので、質問も3つか4つくらい用意しておく。
- **【一貫性の法則】**とは、一旦ある行動を取ると、それに矛盾した行動が取りづらくなり、一貫した行動を取るようになること。これを応用した**【二段階質問法】**を使えば、まず小さい質問で相手にある立場を取らせ、その後の追加質問で最終的に承諾してもらえる。
- **【社会的証明の法則】**とは、自分の判断が不確実なとき、他人の判断や行動を重要な判断材料とする心理。これに絡めて、他の多数が選択しているデータなどをもとに質問することで、相手の気持ちを動かせる。
- 相手の気持ちを動かしたら、最後は相手に決断を迫ることになる。そのときは、選択肢を限定し、その中から選んでもらう。選択肢は2つか3つが妥当。

第6章 質問で相手の価値観を変える

掃除機を売るには質問をする

次のレッスン日。今日のトレーニングは、肩だ。肩のトレーニングは、主にダンベルを使って行う。ダンベルを両手に持ってベンチに座り、背筋を伸ばして、頭の上に肘を伸ばす直前までダンベルを持ち上げるダンベルショルダープレスから始めた。そして、両手をほぼ伸ばしたままダンベルを横に持ち上げるダンベルサイドレイズ、前に持ち上げるダンベルフロントレイズなどをこなしていった。

最後のほうは、肩がだるくなり、腕を上げるのが辛くなった。シャワーで頭を洗うのも少しきつかった。それだけ肩を追い込めた、ということだ。

その後、ホテルに移動し、質問力のレッスンになった。

「今回は、人を説得するときに、どこにスポットライトを当てるかについて話をしよう。君が家電屋の販売員として、掃除機を買いに来た私に、掃除機を売り込むとする。給料は歩合制だから、販売できれば君の給料は上がるとしよう。さあ、どうやって売る？」

「えーと、そうですねえ。掃除機ですか……」僕は少し考えた。「やってみます。掃除機をお探しですか？ 今、売れているのが、この掃除機です。当店人気№１です。吸引力が、なんとこれまでの１・５倍です。それでいて、音は意外に静かなんです。少し大きめですが、それを補ってあまりある性能だと思います。いかがでしょうか？」

僕は、社会的証明の法則を少し使ってみた。

タカさんは、苦笑して首を横に振った。

「君は、話を聞いてないのかい？ **相手をコントロールしようとしてはいけない。まず相手を知ろうとすることだ。**なぜ君は、私が吸引力の優れた掃除機を欲しいと思ったんだ？ 私は、自分で掃除機を掛けるのが面倒だから、自動で掃除ができる掃除機を探しに来たつもりだった。そんな私が、吸引力の強さを理由に掃除機を買うと思うか？」

僕はうなだれた。

「おそらく君は、掃除機は吸引力が強いほうがいい掃除機だという価値観を持っている。

それは、掃除機を掛けることにより、より綺麗な部屋にしたい、というニーズがあるからだ。しかし、私はそうではない。部屋をより綺麗にするよりも、掃除になるべく時間を掛けたくないという価値観を持っている。**つまり、掃除機を買うことによりどうなりたいか、が重要であり、掃除機自体が重要ではない、ということだ。**だから、セールスマンが、客に対していきなり『今一番売れている商品はこれです』と紹介するなんて論外だ。相手の事情を全く考えていないことになる。その客が、その商品を買ってどうなりたいのか、という価値観を引き出すんだ」

「なるほど」

「客の価値観を知るためには、客に喋ってもらう必要がある。喋らせるには、質問をしなければならない。客の価値観を知って、初めて、そのニーズを満たすための説得活動を行うことができることになる」

僕はノートに書いた〝相手の価値観〟という文字を丸で囲んだ。

「客の価値観を知ったら、こまめに掃除をしたいからコンパクトで軽いものがいいとか、まとめて掃除をするからゴミの容量が多いものがいいとか、見える場所に収納するからデザインが大事だとか、夜に掃除するから音が静かなものがいいとか、仕事に出ている間に掃除できるロボット掃除機がいいとか、その価値観を満たす手伝いをすることができる。

それが説得というものだ。客自身も、初めはそこまで明確なイメージを持っていない場合が多い。質問をされて、考えているうちに、段々イメージができてきたりする」

確かに、僕も家電を買うとき、そんな経験をした覚えがある。

「潜在的なものまで含めて、客のニーズをいかに引き出せるかが、優秀なセールスマンとそうでない者の違いだ。弁護士の場合でもそうだろう。ただ裁判に勝てばいいとか、お金を多く取れればいいとか、そう単純なものではない場合が多いはずだ。クライアントが、お金より、相手に謝ってほしいと思っているかもしれないし、なるべく早く終了させて一刻も早く元の生活に戻りたいと考えているかもしれない」

タカさんの言う通りだった。裁判に勝てばいい、と思っていた先日までの僕自身が思い出されて、僕は密かに自分を恥じた。

相手の価値観に揺さぶりを掛ける

「たとえば、今、君は質問力を学んでいるが、それはなぜだ？　ただ単にいい質問をしたいのか？　そうではないだろう。質問力を身につけて、仕事やプライベートをよりよいものにしたいと願っているのではないのか？」

「はい、そうです」

「この間も言ったが、**相手を知ること、すなわち、相手の根底にある価値観を知ることがとても重要だ。**説得に対して、相手が反論してきたときの対応でも、価値観を知る必要がある。相手が反論する場合、その根底には、その反論の基となっている価値観がある。**相手の結論を変えるには、君の説得する内容が、その価値観を満足させるものだと説得するか、あるいは、相手の価値観自体を変える必要がある。**今回は、相手の価値観を変える方法を説明しよう」

「お願いします」僕は顔を上げた。

「**ポイントは、相手の意見に反対せず、価値観の部分に揺さぶりを掛けることだ。だから、まず相手の意見の根底にある価値観を見極める。**たとえば、君はトレーニングマシンが欲しいとする。50万円のものと20万円の機器があって、君が『50万円は高い。20万円のものでもやりたかった胸と背中のトレーニングができるから安いほうでいい。あとはジムに行ってトレーニングすればいいのではないか』という考えを持っていたとする」

最近、僕は家でのトレーニング用に、重さの調節ができるダンベルが欲しいと思っているが10万円もするので悩んでいる。

「これは、言い換えれば、『50万円のトレーニング器具は高すぎる』という価値観を持っているということになる。私がセールスマンだったら、君のその価値観を『50万円のほうがかえって得だ』という価値観に変えればいい」

本当にそんなことができるのだろうか？

「たとえば『そうですよね。50万円はかなり高額ですよね。でも、20万円の器具で、胸と背中を鍛えるとして、肩、上腕二頭筋、上腕三頭筋、腹筋、脚は、どう鍛えますか？　ジムに行くとすると、少なくとも毎月1万円くらいは掛かりますね？　年間12万円、3年間で36万円です。この50万円の器具は、全てを鍛えることができます。ジムへの移動時間もありませんので、3年で元がとれ、4年目からは、かえって節約ができるのではないでしょうか？』などと説得することになるだろう」

「確かに。そう言われて、改めて筋トレの効果の面で考えれば、50万円の器具を買ったほうがお得かな、と思えてきました」

タカさんは微笑んだ。

「君の感情が動いたということだね。そのとき、さらに『分割払いだと月々の支払いは○○円です』と言えばどう？」

「それなら、毎月の負担は少なくて済むので買えそうだ、という気になります」

「結論を正当化できることになるね。このように、**相手が反論してきたら、まずはその根底にある価値観はなんだろうかと考えることだ**。それがわかったら質問によって、その価値観を覆すように努力すれば、相手の自尊心を傷つけることもなく、こっそり相手の価値観を変えることができるんだよ」

これまでの僕は、物事の表面しか見えていなかったことがわかった。人が決断するときには、物事の表面ではなく、それによって何を実現したいのか、何を満たしたいのか、という根底の価値観があるのだ。

僕は質問力を身につけたいが、それは、いい質問をすることが目的じゃない。いい質問をすることによって、クライアントのニーズを引き出したり、交渉でいい結論に到達したり、プライベートでの人間関係をよくしたりしたい、という価値観を持っているからだ。

全てタカさんの言う通りだった。家に帰ったらノートを読み返し、復習しておこう。

子供と会えなくなった父親からの相談

心を入れ替えて質問力のレッスンを受けるようになって、また顧問先が増えてきた。

もう相手をコントロールしようなんて思っていない。**いかに相手の役に立てるか、そのために相手の価値観は何かと考え、ニーズを引き出す質問をし、相手に大切なことを気づ**

かせるための質問をして考えてもらい、その上で選択肢を提示して、正しい決断をしてもらうよう努力するようになった。

新しく顧問先となったベンチャー企業の社長の紹介で相談を受けた。相談者は平澤寿明《としあき》、36歳。彼もベンチャー企業の経営者だ。

「はじめまして。平澤です。今日はお時間を頂き、どうもありがとうございます」

縁が細いオシャレな眼鏡に、黒のタートルネックのセーター、下はチェックのスラックスを穿《は》いた彼は、丁寧にお辞儀をして挨拶をくれた。僕はすぐに好感を持った。

28歳で結婚した平澤さんは、1年前に離婚しており、5歳の女の子がいる。親権は母親にあり、月に2回子供と会うことで合意したが、ここ半年くらい、母親が子供に会わせてくれないという相談だった。連絡しても母親が応じないという。

「話し合おうにも、母親は電話にも出ないし困っています。子供と会う時間は、私にとって掛け替えのない時間なんです。それを取り戻してほしいんです」

沈んだ顔で言った彼に対し、僕は一般論を説明した。

「法的には、離婚して親権が母親にあるとしても、父親には面会交流権といってお子さんに会う権利がありますので、母親がそれを拒むことは違法です。家庭裁判所に申し立てれば、特別な理由がない限り、こちらの主張が認められ、家庭裁判所からの履行勧告や間接強制といった措置を取ることができます。しかし、子供と会わせることを強制執行することはできませんので、裁判所が母親の違法を認めたとしても、**母親が会わせてくれない限り会うことができないというのが現実です。**」

「そうですか」彼はため息をついた。

「なぜ急に会わせてくれなくなったのか、心当たりはありますか？」

「断定はできませんが、私の今の交際相手の女性と、子供が会ったことが原因かもしれません。子供と遊んだとき、交際相手の女性も一緒に遊んだことがあったので、それを子供から聞いたんだと思います。その女性とは真剣におつき合いをしていて、再婚も考えています。隠す必要はないと思っていますが、それが元妻としてはおもしろくないんでしょう。彼女は、きっと私を罰したいんです」

「罰する？」

「離婚を切り出したのは私なんです。子供はかわいかったのですが、会社が軌道に乗り始めたばかりで、家のことは妻に任せていました。遅くに帰宅するといつも妻はイライラしているようで、つき合っていたころのような、朗らかで明るい女性ではなくなっていました。顔を見れば嫌味や愚痴を言われるようになり、私も妻と顔を合わせるのを避けるようになってしまいました。もう妻を女性として愛せないと思った。それでも子供と離れるのは辛かったので我慢をしていました」

「なるほど。そういうことでしたか」

「はい。そんなとき、今おつき合いしている女性と出会ったのです。私はその女性と人生を共にしたいと思うようになりました。幸い相手の女性も私に好意を抱いてくれ、状況も理解してくれましたので、きちんと離婚が成立した後に交際しようと決めました。妻は、最初は離婚を拒否しましたが、最終的には応じてくれました。このまま一緒に暮らしても、お互い幸せになれないということがわかったんでしょう。それでも、私のことを憎んでいると思います。私が子供に会うのをとても楽しみにしているのは知っていますから、その楽しみを取り上げることで、私を罰したいんだと思います」

「そうですか。ただ先ほどご説明した通り、裁判所に訴えても、母親が会わせてくれない限りは難しいので、**まずは母親の気持ちを動かすことが第一**だと思います。ご依頼を頂けるのであれば、私が直接お話をしてみたいと思いますが」

「よろしくお願いします」

僕はまず母親と連絡を取ろうとしてみたが、何度掛けても電話に出ない。伝言を残しても折り返しはなかった。頑なになっている母親に対して、子供を父親に会わせるように説得することは、かなり難しそうだと感じて気が重くなった。

脅し文句も質問で

「何か難しい依頼でもあったのかな？」

依頼案件について考えていた僕は、タカさんに話し掛けられハッとした。

「どうしてわかるんですか？」

「トレーニングに集中できていない。トレーニング中は、集中しないと、ケガをするぞ。トレーニングで最も大切なことは、ケガをしないことだ。ケガをしたら、継続できなくなる。それが一番避けなければならないことだ。そして、ケガをしないためには、トレーニングに集中し、正しいフォームで行うことだ。話は後で聞こう」

僕は、とりあえずトレーニングに集中することにした。それでも気に掛かっていることを考えないようにすることは難しい。目の前のことに集中する力というのも、トレーニングを継続していきながら強化する必要があると思った。

「実は今、父親の面会交流の相談がきているんです」

レッスンの時間を待ちかねていた僕は、早速タカさんに守秘義務に違反しない限度で事案の概要を説明した。

タカさんは、一通りの話を聞くと口を開いた。

「なるほど。その場合、子供と会わせるという行為の決定権を、100%母親が握っているということを忘れちゃいけないね。いくら父親のほうで『一度決めたことじゃないか』とか『会う権利がある』とか『子供を愛している』とか**正論をぶつけたところで、母親の感情は動かない**だろう。母親を動かしたいなら、母親の脳にフォーカスしないといけない。相手になりきり、相手に乗り移って状況を感じ、考えてみることが必要だ」

「相手に乗り移る……」

表現に圧倒されて、僕は思わずつぶやいた。

「そうだ。相手に乗り移るくらいの思考が必要だ。セールスと同じだ。前も言ったが、売りたい商品のいいところをいくら列挙したとしても、相手がその商品を買って何をしたいのかがわかっていなければ意味がない。**相手に決定権があるんだから、自分側の事情を話したって仕方がないんだ。**相手が何に価値を置いているのかを探らなければならない」

そのためには、相手に乗り移るくらいの気持ちで臨まなければならないのか。

「相手の価値観を知ることがいかに大事かはわかりました。でも、今回の件では、質問もなにも、そもそも相手が話し合いに応じてくれないんです」

「なるほど。そういうときは、相手の自尊心に揺さぶりを掛けるのもいいかもしれない。繰り返すが、大切なのは相手の立場に立つことだ。**相手が話し合いに応じれば、どんなメリットがあるのか、反対に、話し合いに応じないとどんなデメリットがあるのか、ということを相手に想像してもらうことだ。**脅し文句も質問で言うことができる」

「そんな、脅すなんて」

「脅すと言うと聞こえが悪いが、質問形式にすると〝自分としてはそうしたくないけれども、自動的にそうなってしまうよ〟というニュアンスになる。たとえば**『話し合いに応じないのであれば、裁判所に訴えることになるがそれでもいいか?』**というように。たいていの人は、訴えるとか、裁判所とか聞くと、ある程度の恐怖を感じるだろう?」

確かに。実際は依頼人にも説明した通り、裁判所が認めても母親が会わせてくれないのであれば子供に会うことはできない。だが、一般の人であれば、裁判所と聞いただけで、できれば避けたいと思うだろう。

早速、母親に電話し、留守電に「このままご連絡がない場合は、大変不本意ではありますが、家庭裁判所に訴え、裁判所から履行勧告や間接強制の措置が取られることになりますが、それでよろしいでしょうか？」と伝言を残した。

しばらくすると、折り返しの電話が来た。

5歳児からの質問

指定した喫茶店にやってきた彼女は、警戒心の塊《かたまり》といった表情だった。

「はじめまして。弁護士の神澤健吾と申します。今日はお時間を作って頂き、ありがとうございました」

「平澤美恵です」

彼女は冷たい声で名乗った。僕を見て少し驚いた顔をしたのは、弁護士の僕を思ったより若い、と感じたせいかもしれない。それでも、また表情は硬いままだ。

今回の最終目的は、彼女の感情を動かして、子供が父親と会うことに同意させることだ。彼女が会わせない理由を聞き出すためには、硬い気持ちでいる彼女の気持ちをほぐし、話しやすくさせなければならない。そのために、**まずは相手の立場に立って、相手が答えやすいような質問をすることを心掛ける。**

「お子さんのお名前は加奈ちゃんでしたね？　今は幼稚園に行ってるんですか？」

「そうですけど」

彼女は険しい目で僕を見た。しまった。面会交流の交渉で、いきなり子供のことを聞いたのはまずかった。警戒心を余計に煽《あお》ってしまう。慌てて話題を変えた。

「経理事務のお仕事をされていると聞きました。お仕事されながらの子育ては、なかなか大変でしょう。サポートしてくれる人はいらっしゃるんですか？」

「私の母が手伝いに来てくれます」

「それはよかったですね。お母様も、お孫さんと過ごせるのは嬉しいでしょうね」

「ええまあ。孫のことはすごくかわいがってくれています」

「そうですか。私も小さいころは、よく祖母に面倒をみてもらってましたよ。母が学校の教師をしてまして」

「え？　そうなんですね。私の父も、もう亡くなりましたけど、小学校の教師でした」

「そうだったんですか」


僕は、しばらく他愛のない話を続けた。親が教師という共通点もあり、ほんの少しずつだが、彼女の緊張が解けてきているように感じる。

頃合いを見計らい、本題に入ることにした。

「どうして、お子さんを平澤さんに会わせなくなったのでしょうか?」

質問した瞬間、彼女の顔に怒りが滲んだ。冷たい声で話し始める。

「そもそも、離婚したのに、今さら子供に会いたいなんていうのが勝手です。それなら、結婚しているときに、もっと子供と接してくれたらよかったのに。毎日帰りも遅く、休みも少なくて、子供と過ごす時間なんてほとんどなかったんだから」

「なるほど。お気持ちはよくわかります。それでも、最初の6カ月は、離婚のときの取り決め通り、会わせてくれていましたよね? それが急に会わせなくなったというのは、何か別の理由があるんじゃないでしょうか?」

口をつぐんだ。答えるのを躊躇《ちゅうちょ》している。彼女の自尊心に関わる問題だからだろう。

僕は探りを入れることにした。

「平澤さんに交際相手がいる、ということはご存じですか?」

彼女はスッと眉を上げた。「ええ、知っています」

タカさんは、相手になりきり、相手に乗り移って状況を感じ、考えてみることが必要だと言った。**僕は必死に、彼女の立場になって考えながら話を続ける。**

「そうでしたか。離婚されたとはいえ、やはり複雑な気持ちにはなりますよね。当然だと思います」

彼女はホッと息を吐き出しながら話してくれた。

「離婚の話を切り出されたとき、彼から『好きな女性ができた』と聞きました。正直な人なので、黙っておけないんです。その正直さを以前は愛していましたが、そのときは心から憎く思いました。そんなこと聞きたくなかった。仕方なく離婚には同意しましたが、どこかで、彼はいつか戻ってくるんじゃないかなんてことも考えていたんです。その女性とは一時のことかもしれない、離婚したことを彼が後悔する日がくるかもしれないって」

僕は黙って、彼女の話を聞き続けた。


「でもある日、彼と会って帰ってきた娘から『今日はお姉さんも一緒に遊んでくれた』と聞きました。優しいおねえさんだったって。それを聞いて〝ああ、彼はあのとき話していた女性と一緒にいるんだなあ〟って思いました。彼と加奈と、その人と3人でいるところを想像したら、吐き気がしました。周りから見たら、まるで幸せな家族みたいに見えるじゃないですか。そこは……そこは、私の居場所だったのに」

そう言うと、彼女は肩を震わせて泣き出した。彼女の自尊心が大きく傷ついたのだ。そして、それ以上傷つくのを避けるために、彼女は子供を会わせることをやめたのだ。

でも、それは子供を父親に会わせないことで解決する問題ではない。何より子供のためにもならない。自分の感情に振り回されて、子供の立場に立って考えることができなくなっている。彼女自身だって、今のままの態度を続けたら、きっと後悔するだろう。

そのことを僕が彼女に言っても彼女は変わらない。彼女に自分で気づいてもらうしかない。ここは、**人を説得したいときは、説得していることを悟られないよう、自分から思いついて決断するように仕向けるための質問をする**、というテクニックを使うことにする。

僕は、泣いている彼女が落ち着くのを待ってから、こう質問をした。

「加奈ちゃんは、どんなお子さんですか？」

ハンカチを目元に当てていた彼女は、子供のことを思い浮かべて優しい表情になった。

「よく喋って、明るくて……素直ないい子です」

「お父さんがそばにいないことを、どう理解しているようですか？」

「加奈に『パパはもうおうちには帰ってこないんだよ』と話したら、悲しそうな顔をして、『お仕事なの？』と聞いてきました。だから『パパとママは別のおうちで暮らすことにしたから、ここはパパのおうちじゃなくなっちゃったんだよ』と言いました。それから『でもパパもママも、ずっと加奈のこと大好きだから心配しなくて大丈夫だよ』と。あの子は

『加奈もパパとママのこと大好きだよ』と答えました」

彼女の目からまた涙が零れた。

「5歳の子でも、なんとなくわかっているのかもしれませんね。ここ半年、お父さんに会えなくなって、加奈ちゃんは何か言っていましたか？」

「一度『明日パパと会える？』と聞いてきたことがありました。加奈は先の予定のことを全部〝明日〟っていう言い方をするんです。私が『明日は会えないよ』と答えたら『そう』と頷いて、それ以来は何も言ってきません」

「そのとき、美恵さんはどんな表情をしていたでしょうか？」

彼女はハッとして言った。

「そのときは……彼とその女性のことを考えていたので、怒ったような顔をしていたかもしれません。今思うと、私は自分の気持ちに精一杯で、加奈の顔を見る余裕もなかった。そんな私の気持ちを察して、父親に会いたいと言うのを我慢していたのかもしれません」

「もう一つ質問させてください。**加奈ちゃんが、これから小学生、中学生、高校生、そして大人の女性になったとき、父親のことは忘れていてほしいですか？　それとも、父親とのいい思い出を持っていてほしいですか？」**

彼女は、下を向いて黙った。沈黙が続いた。苦しそうな表情をしている。

これ以上、彼女の感情を揺さぶるのは酷な気がした。

「お返事は後日でも結構です。今日はお時間を頂きありがとうございました。お気持ちがはっきりしたらご連絡ください」

僕はまだ俯《うつむ》いている彼女になるべく優しく声を掛けて一礼し、勘定書きを持って喫茶店の出口に向かった。

３日後、彼女から電話がきた。

「先生に言われたことを考えていました。加奈に『パパに会いたい？　ママはイヤな気持ちになったりしないから言ってごらん』と聞いてみたんです。そしたら『ママがいいなら会いたい』と言いました。それから『加奈は、パパのこと、ずっと大好きなままでいていいの？』って聞いてきたんです。ああ、本当にこの子は我慢してたんだなって、そのとき気がつきました」

事件は解決した。でも、それは僕の手柄じゃなかった。**彼女に大切なことを気づかせたのは、最愛の子供からの質問だったのだ。**

「今まで、こんな小さな子にまで気を使わせてしまっていたなんて、ダメな母親でした。

この子が大きくなったときには、父親とのいい思い出を持っていてほしいと、今ははっきり思います」

彼女の声には決意が溢れていた。

「美恵さんは、ダメな母親なんかじゃありません」僕は心からそう言った。

「ありがとうございます。これからはこの子と一緒に、自分も幸せに生きていくことを目標にしていきます」

事務所に来た平澤さんに、美恵さんが子供と会わせてくれることになったことを告げた。そして、美恵さんがどれほど傷つき苦しんだか、そこから子供のために前向きに考えようと努力しているのかを話した。平澤さんは神妙な面持ちで話を聞いていた。

「私は、美恵がただただ私に腹を立てているんだと思っていました。美恵の感情を真剣に考えることをしなかった。もっとよく考えれば、美恵の態度の裏に、彼女の悲しみが隠れているってことくらいわかったはずです。もっと配慮すべきだったと反省しています」

平澤さんは、そう言ってうなだれると、静かに目を閉じた。

恋人との再会

12月に入り、冬の寒さが身に染みるようになってきた。涼子が出て行って3カ月が経つ。

彼女に会えない毎日は、自分で思っていた以上に味気ないものだった。

嬉しいことがあったとき、おもしろいことがあったとき、悔しいことがあったとき、感動したとき、日常で起きる様々な出来事を、いつも最初に話したいと思うのは涼子だった。彼女ならどう感じるだろう、なんて言うだろう、きっと笑うだろう、きっと一緒に悔しがってくれるだろう、励ましてくれるだろう……。

感情を共有できるパートナーがいるということは、本当に幸福なことだ。そのことを、この３カ月間で身にしみて感じた。

涼子に会いたい。戻ってきてほしい。けれど、今さらどうすればいいだろう？

そんなことを考えながら、僕がレッスンのたびに書き溜めてきたノート「夢実現へのロードマップ」を見返していたとき、タカさんの言葉のメモを見てハッとした。


「責任を他人に転嫁する人は、他人を変えることはできない。また、自分を変えずに他人を変えることはできない。相手に影響を与えるには、自分の相手に対する態度を変えることが必要。自分の相手に対する態度が変われば、相手の自分に対する態度が変わる」

涼子に戻ってきてほしくて、どうすれば涼子の気持ちを変えられるか、と考えていたけれど、変えるべきは自分のほうなのかもしれない、と思った。

質問力で大切なのは、相手の自尊心を尊重することと、そのために相手をよく知ることだ。依頼者に対しては、質問力を使うために、相手のことを知ろうと努力してきたけれど、涼子に対してはどうだったか？　身近な存在すぎて、きちんと向き合うことなく過ごしてきたのではないか？

僕自身も、自分のことをよく知ってもらいたいと思う反面、情けない自分、かっこ悪い自分、そういう部分を涼子に知られたくなくて、自分をさらけ出すことを避けていたのではないか？

要するに、僕は甘えていたのだ。

「依頼者の問題を解決したと言えるのか？」という涼子の質問に対し、真摯《しんし》に向き合いもせず、苛立ちをぶつけた自分がどんなに未熟で愚かだったか、今でははっきりとわかる。

まずは僕が自分自身を変えることだ。

自分の殻を破って気持ちを正直に話し、きちんと涼子に向き合おう。そして僕も、涼子のことをもっと知るように努力しよう。たとえ、それで涼子が僕に幻滅したとしても、気持ちが離れていってしまったとしても。

僕は思い切って涼子に連絡した。涼子がよければ、二人でよく行っていた僕の家の近くにあるダイニングバーで、会って話をしたいと伝えた。

僕は約束の時間より早めにバーに行き、マーティニを注文した。清水弁護士と会った後、僕は彼が話していた開高健の小説『掌のなかの海』を読み、開高健にはまった。それ以来、バーに行けば「マティーニ」ではなく「マーティニ」と注文することにしていた。

出されたマーティニを飲んでいると、涼子が店に入ってきた。３カ月ぶりに会う涼子は、僕の記憶よりも髪が伸びていた。そして、初めて出会ったときと同じように、綺麗だなと思った。

「久しぶり」と、お互いややぎこちなく挨拶をした。涼子は注文した白ワインを一口飲み、静かに僕が口火を切るのを待っている。僕は話し出した。

ずっと自分に劣等感を持っていたこと、そんな自分を変えたいと思ったこと、タカさんに質問力を教わり、それをいつの間にか人を動かすことを目的に使っていたこと、そのためにうまくいかなくなったこと、涼子に指摘され反発したこと、自分は間違っていたと反省し、タカさんに謝り、また学んでいること……。

そして、涼子のいない日々がいかに味気ないものだったか、どんなに涼子に会って話をしたかったか、自分にとってどんなに大切な存在か。

今までだったら、とても恥ずかしくて言えないようなことまで、素直に話した。涼子は真剣な表情で、耳を傾けてくれた。

「今まで本当にごめん。まだ未熟な面もあると思うけど努力する。涼子のこともっとよく知りたいと思う。何より、涼子にそばにいてほしいんだ。戻ってきてくれないか？」

沈黙が流れた。涼子は俯いて何かを考えている。僕は辛抱強く待った。

「私も同じ……」

ふと涼子が、つぶやくように言った。

「え？」目線を上げた涼子が、まっすぐに僕を見た。

「何を見ても、思っても、最初に知らせたいと思うのは、健吾だった」

僕は息をのんだ。涼子は潤《うる》んだ目で微笑みながら頷いた。

「ありがとう」僕はやっとそう言った。

それから、二人で夜通したくさん話をした。様々な経験や出来事、物事について、お互いがどんな価値観を持っているのか、それを心から知りたいと思う僕の気持ちが涼子に伝染したようで、会話は尽きなかった。

翌週、涼子は僕の家に戻ってきた。

第6章の「夢実現へのロードマップ」

- 「相手を知ること」とは「相手の根底にある価値観を知ること」という意味。相手の価値観を知って、初めてそのニーズを満たすための説得を行うことができる。
- 相手の価値観を変えるポイントは、相手の反論に反対せず、価値観の部分に揺さぶりを掛けること。そのためには、まず相手の意見の根底にある価値観を見極めること。
- 相手の自尊心に揺さぶりを掛ける手段もある。具体的には、こちらの求めに応じればどんなメリットがあり、逆に応じなければどんなデメリットがあるのかを、相手に想像してもらう。
- 説得したい相手の立場に立って、まずは相手が答えやすいような質問をすることを心掛けることで、次第に相手の緊張も解けてくる。
- 人を説得したいときは、説得していることを悟られないよう、自分から思いついて決断するように仕向けるような質問をする。
- 相手を変えるのではなく、自分を変えることが重要。相手に影響を与えるには、自分の相手に対する態度を変えること。そのためには、自分と向き合わなくてはならない。

第7章　過労交通事故裁判に質問力で挑む

前例のない依頼、勝てる見込みは……

年が明けた。

僕は一度解約したレンタルオフィスを、また借りることができた。僕は前回の失敗を繰り返さないよう肝に銘じながら、仕事に打ち込んだ。

平日は、朝から夜まで、裁判に出たり、相談を受けたり、書面を作成したりとみっちり仕事した。土日の午前中は、事務所のラウンジや近所のカフェで、新しい判例や法律改正などの勉強をしたり、ビジネス書を読んだりし、午後はジムへ行った。

筋トレについても、タカさんやジムのトレーナーに教えてもらったり、本や雑誌を読んだり、トレーニングの動画を見たりして、自分で随分勉強をした。そのお陰で、今では筋肉をもっとつけたい部位に応じてトレーニングしたり、自分の体のコンディションを考えてメニューを組んだりと、ある程度のことは自分でできるようになっていた。

トレーニング後は、タカさんがいるときにはタカさんのホテルでレッスンを受け、タカさんが仕事でいないときには読書をするようにした。タカさんの影響で、ドストエフスキー、トルストイ、ディケンズ、シェークスピア、夏目漱石、森鷗外、芥川龍之介、宮沢賢治など、名作と言われている作品を読むおもしろさを知った。

涼子と時間が合えば、待ち合わせて映画に行ったり、食事に行ったりもした。僕達は、お互いの価値観を理解し、尊重することを忘れず、以前よりもよく話をするようになっていた。そして、より一層相手のことを大切に思うようになった。

梅雨が明けて、真っ青な空が広がる7月の週末、僕は親しくなった行政書士の紹介で、ある交通事故の相談を受けることになった。相談者は山口さんというご夫婦で、交通事故の被害者は一人息子の拓也さんだった。

拓也さんは、22歳で大学卒業後、飲食店などの賃貸の仲介業を行う会社に入社した。昨年4月に入社し、半年が経った10月、仕事の帰りにバイクで移動していたところ電柱に激突して転倒し、頭蓋骨骨折、脳挫傷《のうざしょう》という大けがを負った。原因は本人の居眠りと推測される。すぐ病院に運ばれたが、脳に重大な損傷を受けており、医師からは「このまま意識が戻らず遷延性《せんえんせい》意識障害になってしまう可能性が高い」と言われたそうだ。

遷延性意識障害とは、脳損傷を受けた後、移動、食事、排泄《はいせつ》などを自力で行うことができなくなり、物事を認識することや喋ることができず、意思の疎通が図れない状態だ。一般に「植物状態」「寝たきり」などと言われたりもする。交通事故による障害としては、一番重いものになる。そのような状態になった後でも、意識が戻る例もないわけではない。けれど、確率からしたら相当低く、奇跡と言っていいだろう。

10月の事故から9カ月が経った今も、拓也さんの意識は戻っていない。けれど、両親は諦めず、毎日のように病院に通い、声掛けや四肢《しし》の屈伸運動、マッサージなど、できる限りの介護をして、意識が戻る日を願っている。

両親は、栃木県那須塩原市で山口菓子店という小さなケーキ屋を営んでいた。第一子であった被害者の兄は、生まれて3カ月後に乳児突然死症候群で亡くなったという。最初の子を突然亡くすという悲しみを乗り越えて授かった拓也さんのことを、二人は殊更《ことさら》に愛し、大切に育ててきた。決して裕福とは言えない家計の中で、大学にも出した。

就職も決まり、人生これからというときで事故に遭《あ》い、一生介護が必要な体になってしまったのだ。しかも、事故後は介護のため、毎日のように病院に通っているので、店を閉めざるを得ない日が増えているという。

一般的な交通事故の相談では、加害者がいて、加害者に対する損害賠償請求を弁護士に依頼することになるのだが、今回は自損事故なので加害者はいない。通勤労災として、ケガの症状に応じて労災が下りて、事故に関する補償が終了する。

しかし、**今回の相談は、居眠りによる自損事故を起こした原因が過労にあるとして、両親が会社を訴えたいという内容のもの**だった。拓也さんが入社した飲食店賃貸の仲介業の会社、テンポアドバイザリー株式会社は、従業員100人程度の中小企業ながら、2年前に上場しており、急成長している会社だという。

母親の久子さんは言った。

「就職してからはめっきり連絡も減り、こちらからメールをしても返信が遅いので心配して聞いたら、仕事が忙しくてなかなかメールや電話をする余裕がないということでした。たまに聞く電話の声も、元気がないようなので心配していました。責任感の強い子だったから、無理をしてるんじゃないかとも思いました。私が『体を大切に、無理しないようにね』と言ったら、息子も『大丈夫だよ』と答えていたのですが……」

実際には、入社直後から労働環境は過酷だったようで、帰りも遅く、休日も少なかったらしい。事故前には残業が続いており、十分な睡眠を取れるような状態になかったことを、両親は事故の後で、拓也さんと一緒に暮らしていた婚約者から聞いたという。

しかし、事故後に両親が会社と話をした際には、会社側は、違法な残業や過労状態は全くなく、事故は拓也さんの不注意によるもので、会社には何の責任もないと主張しているということだった。

両親はその回答に納得できず、何人もの弁護士に相談したが、過労と交通事故の因果関係を立証するのは難しいと言われ、ことごとく依頼を断られたらしい。

「もっと息子の話を聞いてあげていれば、こんなことにはならなかったかもしれません。就職したことを私達が喜んでいるのを知っていたから、辞めたいなんて言えなかったんでしょう。辛いなら辞めていいんだよって、どうして言ってあげられなかったのか……」

そう言って泣き崩れた久子さんの背にそっと手を置いて、山口さんが話を続けた。

「明らかに働かせすぎだったと思うんです。なのに、会社側は違法な労働の事実はないというばかりです。それだって、社長はおろか上司も姿を見せず、弁護士からそう説明されただけでした。労災が下りたから、それで会社の責任としては十分、それ以上、何か言うなら裁判を起こせと、そんな調子なんです。私達は、何もお金が欲しくて裁判を起こしたいんじゃない。単なる不注意で、息子が居眠りなんかしたんじゃないってこと、そんな働かせ方をしたことは間違っていたということを、会社に認めてほしいんです」

二人の気持ちは痛いほど伝わってきた。力になってあげたいとは思う。

けれど、僕は迷っていた。会社側は話し合いでこちらの主張を認めることはないだろうから、おそらく裁判になる。裁判例や文献の調査、労働状態の調査など、膨大な時間と労力が掛かるだろう。判決が出るまで、数年に及ぶことだって考えられる。

最大の問題は、山口さん達が他の弁護士にも言われたように、トラック運送業などの運転専業者以外の一般企業で、過労と交通事故の因果関係を立証して会社の責任を認めた裁判例を聞いたことがないことだ。前例がない以上、勝てる見込みも低い。

ましてや、相手は上場企業だ。代理人は大手法律事務所の弁護士が務めるだろう。申し訳ないが、僕には荷が重すぎると言って、断る選択肢だってある。

僕が迷って色々と考えを巡らせている間、山口さん達は静かに座っていた。諦めのような表情も窺《うかが》える。きっと他の弁護士に何度も断られ、今回も断られるのだろう、と思っているのかもしれない。あるいは、僕が若すぎるので期待していないのかもしれない。もし僕がここで断ったとしても、彼らはきっと諦めず、また別の弁護士を探すだろう。

そんな彼らの姿に、ふと自分の両親の姿が重なった。同じ状況だったら、僕の両親もきっと同じことをするのではないだろうか。人生これからというときに、寝たきりになってしまった息子。仕事や結婚はおろか、今後意思の疎通ができるかどうかもわからない。変わり果てた息子を、これから一生介護していかなければならない。それでも親は子供のために、自分の身を顧《かえり》みず、できることをやるのだろう。

彼らの抱えている悲しみと不安、会社への怒り、そしておそらく息子を救えなかったという後悔、行き場のないそれらの感情を、誰かが受け止めてあげなければいけない。

僕は、意を決した。

「わかりました。お引き受けします。かなり厳しい戦いになると思いますが、全力で頑張ります」

山口さん夫妻が帰った後、僕は早速パソコンのデータベースで、過労による交通事故で勤務先の責任を認めた判例がないか調べてみた。**和解をした事例は見つけたものの、同様の案件で会社の責任を認めた判例を見つけることはできなかった。**

前例もないのに、上場企業相手に、僕一人で太刀打ちできるだろうか？

僕はため息をついた。

物言えぬ依頼人

翌日は土曜日だったので、ジムに行った。考えれば考えるほど今回の依頼があまりに困難なものに思えたため、弱気になっていた僕は、タカさんに話だけでも聞いてもらいたいと思っていた。しかし、タカさんの姿はなかった。受付の女性に尋ねると、数日前から海外出張に行っていて、帰りは未定だが、長期になりそうだとのことだった。

これでは、タカさんに相談することもできない。本当に一人の戦いになりそうだ。僕はまたため息をついた。

翌週、僕はテンポアドバイザリー社に対し、僕が拓也さんの代理人になった旨の通知と、拓也さんの労働時間がわかるタイムカードや業務日報などの記録の開示請求を行った。

また、依頼人である両親から、拓也さんが事故当時スケジュール管理に使っていた手帳を借りた。拓也さんの手帳には、仕事の予定が書き込んであり、かなりの業務量であることがわかった。しかし、**これだけでは労働時間を立証することはできない。**会社側にある書類がなんとしてでも欲しい。

山口さん夫妻からは、ぜひ拓也さんに会いに来てほしいと言われたので、僕は拓也さんが入院している病院にお見舞いに行った。

「ほら、拓也、弁護士の神澤先生が来てくれたよ」久子さんが言った。

拓也さんの目は開いていたが、ずっと天井に向けられたままで、そばに人がいることなども認識していないようだった。

「今は目を開いていますけど、夜になると閉じるんです。昼間は起きて、夜は眠って、ちゃんと生活してるんですよ。だから、もっと回復すれば、きっと私達のこともわかるようになると思うんです。ねえ、待ってるんだから早く起きるんだよ」

久子さんは、いたずらをした子供を叱るように、笑顔で拓也さんの頭を優しくポンと触った。前回事務所で会ったときに涙を流していた姿とは明らかに違う。きっと拓也さんの前だから、拓也さんが見ていると信じて、明るくしてるんだと思った。

「弁護士の神澤健吾です。一緒に頑張りましょう」

僕はこみ上げそうになる涙を飲み込んで、なるべく力強く聞こえるように願いながら、拓也さんに声を掛けた。

山口さん夫妻が持ってきた書面に記載してあったテンポアドバイザリー社の代理人・インペリアル法律事務所は、国内でも指折りの大手法律事務所だった。

僕は電話を掛け、応対した秘書に、テンポアドバイザリーと山口拓也の件で担当弁護士と話をしたいと告げた。しばらく待つと「弁護士の合田だけど」と、高圧的な声が受話器から聞こえてきた。いかにもベテラン弁護士といった風情だ。

「テンポアドバイザリーの社員が交通事故に遭った件ね。へえ、引き受ける弁護士がいたとはね。どちらの事務所ですか？」

「神澤法律事務所です。私の個人事務所です」

「一人でやってるの？　それは大変だねぇ」

あざけるような声。大手法律事務所に就職できない僕をバカにしてるんだろう。

「まだ若そうだけど、何期生？」

「70期です」

「ふーん。じゃ私より30年後輩か……。で、裁判でも起こすつもり？」

「そちらの見解が変わらないのであれば、そのつもりです」

「こっちはもちろん変わらないよ。会社に責任はない。しかし君も酷なことをするね」

「は？」

「こんな勝ち目のない裁判なんて引き受けて。そちらのご両親に、ムダな希望を持たせることになるんじゃないの？」

「ムダだとは思っていません」

合田弁護士は鼻をならした。

「社員の自損事故で、会社を訴えるなんてね。息子さんがあんな体になったことには同情するけど、自分の居眠り事故で会社に責任転嫁されてもねえ。上場企業だから金があると考えて、会社から少しでもお金を取ろうとでも考えたのかもしれないけど」

憔悴《しょうすい》した両親、寝たきりの拓也さんの顔、涙を隠して笑顔で介護する久子さんの姿が浮かんだ。両親の悲しみ、息子を守れなかった辛さ、二度とこういう事故が起きてほしくないという切実な思い……。

それらを踏みにじられた気がして僕は怒りに震えたが、**「自分が何に価値を置いているかということを意識していれば、ついカッとなるなんてこともなくなる」**というタカさんの言葉を思い出して、どうにか感情を抑えた。

「こんな、全く理由のない訴訟を起こすこと自体、裁判制度を違法に利用することだからね。提訴するならば、こちらも不当訴訟に基づく損害賠償請求の反訴を検討させて頂きますから、そのつもりで。じゃ失礼」

一方的に電話が切られた。

婚約者の証言

拓也さんの婚約者である宮田直美さんに、山口さん夫婦を通して話を聞きたいと伝えてもらうと早速、事務所に来てくれた。

丁寧にお辞儀をしてくれた女性はボブヘアが似合う、映画『アメリ』の主人公のようなかわいらしい人だった。都内の大手銀行に勤務しているという。拓也さんとは、学生時代のテニスサークルで知り合ったそうだ。二人とも就職も決まり、来年くらいには結婚したいねと話していたという。

直美さんは、拓也さんの実家にも何度も遊びに行っており、山口さん夫妻とは既に家族の一員のように仲よくしていたらしい。

彼女の話によると、拓也さんの仕事は、1日に営業で10キロ以上歩くなど、かなりの重労働かつ長時間労働のようだ。また、帰りは夜中の2時や3時が当たり前で、睡眠時間もかなり少なかったらしい。

「彼の帰宅時間の証明になるものは何かありますか？　携帯に連絡などはきていましたか？」

「はい。会社を出るときには、毎日ＬＩＮＥで連絡をくれていました。いつも〝今から帰るね〟と書かれたスタンプを送ってくれていたので、その時間を見ればわかります」

「残業代はきちんともらっていたかどうかは聞いていますか？」

「残業代はもらっていないと聞きました。給料が固定残業代制になっていて、規定された時間以上の残業をした場合には請求するということでしたが、**全員20時までにタイムカードを切るように命令されていた**みたいです」

「え？　それは本当ですか？」僕は驚いた。

「はい。彼から聞きました。会社が上場するにあたってコンプライアンス整備が必要だったみたいで、20時終業を推進していたらしいです。でも実際には、タイムカードを切った後も働くのが普通だったみたいで」

そうだったのか……。だとすれば、会社からタイムカードを取り寄せても、終業時間は20時前の時間になっていることになる。仮に20時までとすると、定時が18時半だから１日の残業が１・５時間、１カ月では30時間程度になる。厚生労働省が規定している過労死と認定される残業時間の基準は、１カ月１００時間や、６カ月平均80時間だから、タイムカードから証明できる残業時間では、過労状態とは認められない可能性が高い。

「ずっとバイク通勤だったのですか？」

「終電で帰れることがほとんどなく、タクシー代も掛かるからと、6月くらいからバイク通勤していました。お酒を飲んだときはバイクは会社に置いて、終電をすぎたらタクシーで帰ってくるか、面倒なときは社内に戻って休憩室で寝るか、漫画喫茶のようなところで寝るかしていました」

「それはなかなか疲れも取れないでしょうね」

「はい。そうだと思います。疲れた状態で運転するのはやっぱり心配だったので、事故には気をつけてねといつも言っていました。そしたら会社でも、社員の人の交通事故が頻発してるから気をつけるように言われた、と言っていました。軽い事故が多かったみたいですが、やっぱり疲れによる居眠りとか、そういうのが多かったんじゃないかと思います」

「事故が頻発……。それはいつくらいに言われたことかわかりますか？」

「いつだったかな。7月くらいだったような気がします」

それが本当なら、過労を原因とする事故が多く起きていたということを、会社が知っていたことになる。

「お辛いとは思いますが、事故の日のこと、聞かせて頂けますか？」

「はい」彼女は力強く頷いた。気丈な女性だ。

「その日は、朝から体調が悪そうで、額を触ったら少し熱いような気がして。『熱、計ったら？　風邪ひいたんじゃない？』と言ったら、『熱があっても休めないから計ってもしょうがないだろ』って言うんです。私が『ずっと休みもほとんどなくて働いてきたんだから、今日ぐらい休んでもいいんじゃない？』と言うと、『みんな働いてるのに俺だけ休むなんてできないよ』と、珍しくちょっとムッとしたような言い方をしてきたんです。私は、心配して言っているのにそんな言い方しなくても、と少し悲しくなりました。そしたら、彼も悪いと思ったのか、『心配してくれてるのにごめん。今日はなるべく早く帰ってくるようにするから。明日は土曜だし、一日休んでゆっくりしようと思う。体調よくなったら、ごはんでも食べに行こう』と言いました」

「それで、彼は体調が悪いにもかかわらず出勤し、その日の帰宅途中に事故に遭ったのですね？」

「はい」

「事故発生時間は、午前2時46分となっていますが、結局、早く帰ることはできずに、2時くらいまで仕事をしていたということですね？」

「はい。いつものように、今から帰るという連絡がきました」

そう言って彼女が見せてくれた携帯には、事故のあった日の午前2時15分、彼から〝今から帰るね〃という文字の入った猫のキャラクターのスタンプが送られてきていた。

「私も土曜日は仕事が休みだったし、彼が心配だったので、彼が帰ってくるまで起きていました。帰るという連絡がきたので、きっと3時くらいには帰ってくるだろうと思って待っていたのに、3時になっても帰ってこないから心配になりました。電話をしてもつながらなくて。そのまま眠れなくて起きていたら、5時ごろ警察から電話があって事故のことを知ったんです。目の前がまっくらになって、立っていることができませんでした」

彼女が喉の奥で涙を飲み込んだ。

「辛いのにお話しくださってありがとうございました。お話を伺うと、やはり事故の原因として過労が考えられるのではないかと感じます。彼は今まで『仕事を辞めたい』とか、そういうことを言っていたことはありますか?」

「いいえ。彼はとても責任感の強い人でした。頑張って働いてお金を貯めて、いつか家を持とうって、よく二人で話していたんです。小さくても、庭があって、将来は子供とたくさん遊べるようにって」

彼女の声が震え、こらえていた涙がはらはらと流れた。二人のささやかな夢は無残に打ち砕かれてしまったのだ。

証言を引き出す質問

それから1週間後、会社から送られてきた拓也さんの退社時間の記録は、ほぼ毎日20時前となっていた。直美さんから聞いた通りだ。やはり20時前にタイムカードを切るように、と言われていたのだろう。

このままでは過労状態との認定ができない。幸い、拓也さんと直美さんとのＬＩＮＥのやり取りを見ていけば、彼の退社時間は大体わかる。「20時前にタイムカードを切るように命令されていた」と、拓也さんが言っていたという証言もある。

しかし、これだけでは残業時間の証明は難しい。裁判は客観的な証拠が重視される。

考えられるのは、パソコンの作業時間がわかる履歴や、仕事の電話の通話記録、日報、そして、やはり大切なのは社内の人間の証言だ。けれど、社内の人間の証言を取るのは簡単なことではない。会社の従業員に聞き込みをしても、雇われている身としては、自分の会社の実情をばらすことで解雇されることもあり、面倒な立場になることを恐れるのが普通だ。会社から、今回の件に関して箝口令《かんこう》が敷かれている可能性だってある。先が思いやられるが、できることをやるしかないんだ、と自分に言い聞かせた。

拓也さんの携帯の連絡先には、会社関係の人物の連絡先がいくつか登録されていた。まず、拓也さんの同僚で、比較的親しかったと直美さんから聞いた稲元さんに電話をした。

「山口拓也さんの代理人弁護士の神澤健吾と申します。稲元さんの携帯でしょうか？」

少しの沈黙の後「はい。そうですが」と、いぶかしげな声が聞こえてきた。

「山口さんの交通事故の件で、依頼を受けました。少しお話をお聞きしたいんで……」

「すみません、今忙しいので失礼します」一方的に電話を切られた。

他にも何人かに電話をしたが、みな似たり寄ったりの反応だった。しかし、これで諦めていたら、この裁判は負ける。僕は直接、話を聞きに行くことにした。


7月も終わりに近づき、35度を超える猛暑日が続いている。外にいるだけで汗が噴き出てくるほど暑い。

テンポアドバイザリー社は、池袋駅の近くに新しくできたオフィスビルに入っていた。

僕は、直美さんから聞いた社員や、拓也さんの携帯に入っている社員の名前をもとに、拓也さんの写真フォルダに入っている会社関係の写真、会社のホームページの社員紹介の写真、個人のＳＮＳなどで特定できた人物の写真などを頼りに、話を聞きたい人物を必死で探していた。

オフィスビルの出入りは多く、その中で目当ての人物を見つけるのはなかなか大変だったが、3時間待ってようやく探していた人物の一人を見つけることができた。

「稲元さんですよね？」男性は、いきなり話し掛けられて驚いている。

「先日はお電話で失礼しました。山口さんの代理人弁護士をしている神澤健吾です」

「ああ」と頷いた後、男性はさっと目をそらした。

「山口さんのことで少しお話を伺いたいのですが……」

「あの、忙しいんですよ」

足早に立ち去ろうとするのを、ぴったり横について話し掛ける。


「失礼しました。では、明日と明後日なら、どちらがご都合よろしいですか？」

ここは誘導質問で、断る選択肢がないように話を聞くことを前提にして質問をした。

逃げるように歩き続けていた稲元さんだったが、観念したように足を止めた。この調子でつきまとわれてはかなわないと思ったのだろう。

「困ったな。会社から『山口のことについては、会社で対応するから余計なことは喋るな』と言われているんですよ」

やはり箝口令が出ていたか。

「仕事内容などについてお聞きするだけでも結構です。ご迷惑はお掛けしませんから、5分だけでもお時間を頂けませんでしょうか?」

ここは、一貫性の法則を使おう。少しでも話をする方向で行動したら、5分以上話してくれるはずだ。まず、一歩を踏み出してもらうことが大切だ。

少し考えて稲元さんは言った。「5分程度なら……」

「ありがとうございます。ここでは暑いですから、喫茶店にでも行きませんか?」

会社から近い喫茶店だと、他の社員に見られてしまう恐れもあり、稲元さんが落ち着かないだろうと思ったので、タクシーを拾って会社から少し離れた喫茶店まで移動した。

喫茶店に入りながら、僕は、こっそりとICレコーダーの録音ボタンを押した。有益な証言が得られるかもしれないからだ。

稲元さんは警戒している様子だったので、僕は答えやすい質問を続けた。そして稲元さんの言葉に共感するように頷いたり、にこやかに合槌を打ったりして、仲間意識が芽生えるように心掛けた。

その効果が出たのか、稲元さんの緊張も徐々にほぐれてきたようで、表情も少し柔らかくなってきた。

「残業が多いと伺いましたが、今日もこれから仕事なんですよね？」

「はい。自分の担当の飲食店をいくつか回って報告書を書きます」

「大変ですね。いつも何時くらいまでお仕事されているんですか？」

「その日によって違うんで」

「そうですか。そういえば、山口さんのタイムカードの記録によると、毎日20時前に退社したことになっていますが、山口さんだけ20時前に帰っていたんですか？」

「いや、それは……」

「本当はもっと残業されてたんですよね？」

「ええ、まあ……」

「タイムカードは20時前に切るように会社から言われていたと聞きましたが、みんな、そのルールを守っていたのですか？」


誘導質問だ。「タイムカードは20時に切るように会社に言われていたのですか？」と質問すると、警戒されて、否定されるかもしれない。

そのため「タイムカードを20時に切るようなルールがあることを前提に、それを守っていたかどうか」を質問したものだ。

婚約者の直美さんから聞いた情報だったけれど、稲元さんは誰か他の社員が喋ったのだと思って安心したのだろう、答えてくれた。

「はい。20時をすぎてタイムカードを切ると、上司に注意されます。入社前に見た募集要項では、給料はみなし残業として月40時間が含まれていることになっていて、それを超えた場合は別途支給となっていました。けれど、入社後の研修で配られたレジュメには、20時前にタイムカードを切ることと書かれていました。それ以上の残業代を申請したとしても、認められることはほぼないし、上から目をつけられるだけだから申請しないほうがいいと、先輩からも言われました」

研修のレジュメ！　それはぜひとも見てみたい。

「そのレジュメは手元にありますか？」

「会社の引き出しに入れてありますが、あれは『絶対に外部に漏らさないように』と、会社にきつく言われています。バレたら、本当にヤバいです。私からはお渡しできません」

そのレジュメがあれば、タイムカードを20時前に切るようにという会社からの指示があったという証拠になるが、入手は難しいかもしれない。

「山口さんの事故原因は、居眠りだと考えられています。過労のせいだと思いますか？」

「いやあ、どうですかね。まあ疲れていたとは思いますけど」

「事故日は朝から熱っぽくて、特に体調が悪かったそうですが、ご存じでした?」

「え?」稲元さんの体が一瞬こわばった。

「何かあったんですか?」

稲元さんは落ち着かなげに視線をそらせている。僕は急かさずに、ただ待った。タカさんから教えてもらった質問の鉄則だ。**質問したら、相手が答えるまで沈黙する「クエスチョン・アンド・サイレンス」**だ。

質問されたら、相手はそれに答えようとして考え始める。沈黙が苦しくて別の質問をしたり、違うことを話し掛けたりすると、相手の思考が断絶してしまうので、質問が無意味なものになってしまう……。


しばらく沈黙が続いた後、意を決したように稲元さんが話し出した。

「実は事故の日の夜、俺と山口が社長室に呼び出されたんです。そんなときは、深夜まで掛かるような残業を頼まれることが多いんです。でも俺、その日は彼女の誕生日でデートの約束をしていて。で、嘆いていたら山口が『社長には稲元にお客さんから急ぎの連絡があったって言っとくから帰っていいよ』って言ってくれて。それで俺、山口に甘えちゃって。体調悪いなんて、あいつ言わなくて。むしろ俺が山口を早く帰らせてやっていれば、事故なんか起こさなかったかもしれない」

そう言って稲元さんは唇をかんだ。

「山口さんは困っている人をほっておけない人だったんでしょう。でも、その日だけのせいじゃないと思います。山口さんはずっと過労状態が続いていて、おそらく先輩達からのパワハラもあり、肉体的にも精神的にもギリギリの状態が続いていたんだと思います」

僕がそう言うと、稲元さんは辛そうな顔をした。

「山口は、事故で植物状態みたいになったって聞きました。俺は、そんな姿を見るのが怖くて、お見舞いにも行ってないんです……」

「稲元さんのお気持ちはわかります。山口さんのご両親は、日々意識のない息子さんの介護をしながらも、このような事故が二度と起きないように、会社の責任を認めて、きちんと対策を取ってほしいと考えているんです。一歩間違えれば、失礼ながら稲元さんにだって、被害者になった可能性もあったのではないでしょうか？」

「……そう、ですね。俺だって、事故を起こしていたかもしれません。もし、あいつと俺の立場が逆だったら」稲元さんはつぶやくように言った。

「あいつなら、俺みたいに逃げたりしないで、俺がそんな状態になったとしても、きちんと向き合ってくれただろうな。俺、正直、今まで山口のことから逃げてたんですよ。でもこのままじゃダメだって今日改めて思いました。裁判をするんですよね？　もし俺にできることがあったら言ってください」

「ありがとうございます！　ぜひとも協力が必要です。まずは先ほどお聞きしたレジュメの写しを頂けると大変助かるのですが、いつぐらいに送って頂けそうですか？」

これも誘導質問だ。送ってもらうことを前提に質問してみた。

「そうですね。こっそり持ち出して、1週間以内には」

ところが、その後、レジュメは送られてこなかった。

しばらくして、僕は稲元さんの携帯電話に電話をしたが、携帯電話は解約されていた。

上司がついた嘘

僕は、どうしても話を聞きたい人物がもう一人いた。事故当時、拓也さんの直属の上司だった営業部長の松本氏だ。

稲元さんから聞いたところによると、**松本部長は責任感が強く、面倒見もいいので、部下からの信頼も厚い人物だ**という。拓也さんの事故の後、営業部長から執行役員に昇進しため、今は営業部を離れているとのことだ。

そこで、僕は会社に電話を掛け、松本氏を呼び出してもらった。単刀直入に、山口拓也さんの事故の件で話を聞きたいというと、少しの沈黙の後「わかりました。先生の事務所に伺います」と承諾してくれた。

「本日はわざわざお越し頂いてありがとうございます。弁護士の神澤です」

「松本です」

「正直に言いますと、来てくださって驚いています。山口さんの件は、あまり外に話さないように、と会社から言われているのではないですか？　しかも、あなたは役員でもありますし」

「ええ、まあ。ただ上司として、部下があのようなことになってしまったことに関しては責任を感じています」

「そうでしたか。ありがとうございます。営業の部署は残業が多く大変だと伺いました。山口さんの仕事ぶりはいかがでしたか？」

「彼はとても真面目で、一生懸命やっていました」

今回も初めは答えやすい質問を続け、当初の緊張感が薄れたところで、本題に入った。

「山口さんが、社員の交通事故が増えているから注意するようにと会社で言われたと言っていたそうですが、そのような注意をしましたか？」

「覚えていません」

「過労のため、居眠りなどでの事故が起きていたということではないのでしょうか？」

「わかりません」目線を僕からそらして答えている。嘘をついているのだ。それでいて嘘をついていることを、僕にわかってほしいと思っているようにも見える。

「山口さんは、社長や先輩達から、高圧的に叱責されたり、無理な仕事を頼まれたりしていたことがありますか？」

「いえ、そんなことは」彼は力なく首を振った。

「事故当日、山口さんは、社長から呼び出されて仕事を頼まれたようですが、松本さんはそれをご存じでしたか？」

「い、いえ……」

「松本さんの苦しいお立場もお察しします。それでも、もう一つ質問させてください。**山口さんの事故の原因は、本当に山口さんだけにあると思いますか？**　事故の原因を山口さん一人に押しつけて、松本さんは、この先、後悔しませんか？」

一瞬、松本さんの体がこわばったように見えた。

「このままだと、会社の責任は一切ないことになります。私は、山口さんが事故を起こしたのは、過労のため睡眠時間も十分に確保できず、精神的にも肉体的にも極限の状態に追い込まれていたからだと考えています。山口さんは、今も意識が戻っていません。ご両親や婚約者が、意識が戻ることを信じて必死で介護しています」

松本さんが深く目を閉じる。僕はさらに話を続けた。

「意識が戻るかどうかもわからず、これから一生介護が必要かもしれないのです。これらは全て、山口さんだけが負うべき責任なのでしょうか？」

沈黙が続いた。

「今お答え頂かなくて結構なので、少しお考えくださればと思います。お話し頂けることがあれば、またご連絡ください」

しかし、その後、松本氏からの連絡はなかった。

依頼人に起きた奇跡

僕は、訴状の作成に取り掛かった。完成するのに１カ月も掛かり、10月５日、東京地裁に提訴した。昨年10月5日の事故からちょうど1年。拓也さんの意識は相変わらず戻っていない。

日本の裁判というのは、主に書面のやり取りで進められていく。提訴した後、1カ月から1カ月半ほど経過してから第1回口頭弁論期日が指定される。

「口頭弁論」とは言っても、実際には、原告が「訴状を陳述します」と発言し、被告が「答弁書を陳述します」というだけの儀式のようなもので、**訴状や答弁書という書面に何を書くかがポイントになってくる。**

その後は、通常月1回のペースで期日が定められ、その期日に合わせて双方の主張を準備書面という書面にし、裁判所と相手方代理人に提出する。期日には、裁判官と双方の代理人弁護士が出席し、裁判官がそれぞれの主張や反論を確認しながら淡々と進んでいく。

このような裁判は、傍聴しても、あまりおもしろいものではないので、傍聴人はほとんどいないのが通常だ。

海外の映画やドラマでよく見られるような、弁護士が歩き回りながら得意げに弁論したり、「異議あり！」と原告側と被告側それぞれの代理人が激論を交わしたりするような場面は、ほとんどないと言っていい。法学部の学生だったころ、初めて見学に行った裁判があまりにも地味なのに驚いたものだ。

第1回期日は11月15日に指定され、その1週間前に被告のテンポアドバイザリー社の代理人から、答弁書が届いた。代理人は、やはりインペリアル法律事務所だった。代理人欄には、合田弁護士の下に、10名以上もの弁護士名がズラリと並んで弁護士の職印がベタベタと押してあり、いかにも仰々しいものだった。

中身を読むと、テンポアドバイザリー社は、労働者の時間管理をタイムカードで適切に行っていること、事故前の原告のタイムカードは20時退出で記録されており、残業時間はそれほど多くないこと、業務量も適正であり、過多ではないことなどが記載されていた。予想通りの内容だ。

僕はさらにその反論を準備書面に書いた。このようにして、交互に準備書面による主張のやり取りがなされ、裁判が始まって6カ月がすぎた。

どう見ても、こちらの形勢は不利だった。

稲元さんに対するインタビューの録音により、タイムカードの記載以上の労働をしていた可能性があることはわかったが、ただ長時間労働があったというだけでは、会社の安全配慮義務違反は認められない。

「このままじゃ敗訴する……」僕は焦っていた。

さわやかな5月の風が吹くある日、拓也さんの母親の久子さんから電話がきた。

「神澤先生！　拓也が、拓也が意識を取り戻したんです！」

電話の久子さんの声は興奮して震えていた。

「本当ですか？」と驚いて尋ねる僕に、久子さんは「はい、本当です、本当です……」と泣きながら繰り返し答えた。

久子さんの話によると、いつものように久子さんが、拓也さんに声を掛けながら手足のマッサージをしていたとき、今まで目は開いていても視線が定まらなかった拓也さんが、しっかりと久子さんの目を見て、「おー」と声を出したのだそうだ。

「た、拓也！　わかるの？　お母さんだよ！　お母さんだよ！　わかるんだね！」

拓也さんはギュッと瞬きをして、頷いたように見えた。

呼ばれた医師が、拓也さんの目の前で指を動かすと、拓也さんの目がゆっくりとそれを追った。医師が「瞬きできますか？」と言うと、拓也さんが瞬きをした。

いくつか検査をした後で、担当医は「受傷から1年半も経ってから意識が回復する例は大変珍しいことで、奇跡と言っていいでしょう。ご家族の気持ちが届いたんですね」と言ったそうだ。

僕が病室の前まで来たとき、山口さん夫妻と直美さんの笑い声が聞こえた。そっと覗くと、久子さんと直美さんが、拓也さんを真ん中にして、それぞれ拓也さんの手を握り話し掛けながら泣き笑いしていた。

拓也さんも、口を開け、目を細め笑っているような表情を見せていた。今までの視点の定まらない表情とは全く違う。ああ、本当に拓也さんの意識が戻ったのだ。奇跡が本当に起きたのだ。胸の奥がじんと熱くなった。

僕は、この素晴らしい瞬間の邪魔をしてはいけないと思い、出直そうとした。しかし、僕に気づいた久子さんが入り口まで駆け寄ってきて「先生、拓也に改めて紹介させてください」と引っ張って行かれた。

「拓也、弁護士の神澤先生だよ。私達のために会社に裁判を起こしてくれているんだよ」

僕は拓也さんの手を触り、改めて自己紹介をした。拓也さんは僕の目をジッと見つめて「おー、おー」と声を発した。

お願いします、と言っているのだとわかった。

それからの3カ月間、拓也さんは驚異の回復を見せた。リハビリに精力的に取り組み、全く動かなかった手足も、少しずつだが動かせるようになってきた。

食事も、柔らかいものを口から食べられるようになった。一番回復したのは言葉で、挨拶などはしっかりできるようになった。

さらに3ヵ月後には、口頭ではないが、自分の右手で機材を操作し、文字を画面上に入力して、意思を伝達することができるようになった。

拓也さんの回復が自分のことのように嬉しい反面、裁判はまだ厳しい状態が続いており、僕は悩んでいた。拓也さんが徐々に回復してきているとはいえ、これからも様々な介護が必要であることは変わらない。専門家によるリハビリも続けていく必要がある。

また、両親が望んでいる在宅での介護を実現するためは、家の改造や、職業介護人の付き添いも必要だ。そのためには、費用が掛かる。会社の責任を認めさせ、損害賠償をしてもらわなければ、拓也さんも、山口さん夫妻も、さらに苦しい状況に追いやられてしまうだろう。

相手の世界観を変える質問

僕は、この裁判を進めている間も、定期的にジムに行って、トレーニングを続けていた。トレーニングをしている間だけは、意識をトレーニングだけに集中することができ、裁判のことを忘れることができるからだ。

ある日、ジムの受付に行くと、久しぶりにタカさんの姿があった。

「タカさん！　お久しぶりです。帰国されていたんですね」

「ああ。昨日、帰ってきたんだよ。私はもう今日のトレーニングは終わったが、夜は空いているから久しぶりにレッスンするかい？」

「ぜひお願いします！」

僕は、なるべくトレーニング時間を短くするために、ジャイアントセットという方法を採用した。

たとえば、スクワットをやる場合、10回で限界に達するのであれば、10回やると1セットとカウントする。そして、限界までやると、しばらく2セット目を始めることができないので、何分か休憩を取りながら行うことになる。しかし、ジャイアントセットは、3種目以上のトレーニングを、休憩を取らずに連続して行うことになる。

今日は肩のトレーニングなので、ダンベルを持って腕を伸ばしたまま前に上げるフロントレイズ、横に上げるサイドレイズ、肩の後ろ部分を鍛えるために、前傾姿勢を取り、ダンベルを持ったまま腕を伸ばして上げるリアレイズ、両手にダンベルを持って、肘を曲げて下から顔のあたりまで引き上げるアップライトロウの4種目を、ジャイアントセットでこなしていった。

最後のほうは、顔がゆがんでくしゃくしゃにならないと続けられないほど辛いトレーニングだ。

トレーニングを終えて、シャワーを浴び、僕は急いでタカさんのホテルに向かった。僕は今、僕の頭の大半を占めている交通事故の裁判のことをタカさんに話した。裁判官の印象としては不利であること、これから証人尋問に進むが、どうやって進めていったらいいのかなど、タカさんからのアドバイスが欲しかった。

タカさんは、僕の話を聞いた後、少し沈黙した。そして、おもむろに話し始めた。

「人間は、偏見の塊だ。自分の側からしか物事を見ることができない。こんな話がある。あるペットショップに少年がやってきた。その少年は、犬を欲しがっていて、1匹の犬に注目した。その犬は片足を引きずっていた。店長は、『その犬は足が悪いから、一緒に遊べないよ。一緒に遊ぶなら、こっちの元気な犬がいいよ』とアドバイスした。ところが、少年は、その足が悪いほうの犬を買った。この話を聞いて、君はどう思う?」

「不思議ですね。何か理由があるのだとは思いますが」

「店長も同じように思った。そして、少年は犬を連れて店を出て行ったが、その少年は、右足を引きずっていた。右足が不自由だったんだ。店長は『犬を買う少年は、一緒に走り回ったり、遊んだりするために買うのだ』と思い込んでいた。しかし少年は、足が悪い、という感情を共有するために犬が欲しかったんだ。このように、私達は、自分の世界観でしか物事を見ることができない。相手も同じだ。**相手を動かすには、時として、目の前の出来事に対する見方を変えてもらう必要がある。そのための質問を教えよう**」

「そんなことができるんですか？」僕は驚いた。

「もちろん、相手の世界観を変えることはできない。しかし、ちょっと見方を変えてもらうことはできる。**そのためには『もし、あなたが○○だったら、どう感じるでしょうか？』という質問をすることだ**」

その質問をすることで、どう相手の世界観を変えられるのだろうか？

「君は弁護士だが、依頼者の話を聞いたときに『もし、相手方だったら、どう考えるだろうか？』と考えて戦略を立てないか？　あるいは『もし、裁判官がこの話を聞いたら、どう判断するだろうか？』と考えて主張を考えないか？　そう考えることで、事件を多面的に見られるようになってるはずだ。その方法を応用するんだ」

確かに依頼者は、自分に有利にしか物事を見ていないことが多い。そのため僕ら弁護士は、依頼者から話を聞いたときに「相手方はどう受け取っているだろうか？」と相手の立場に立って考える習慣がついている。それによって、交渉戦略や訴訟戦略を立てるのだ。

そういえば以前、山口さんの同僚の稲元さんに話を聞いたとき、僕はこのテクニックを無意識にも使っていたことを思い出した。稲元さんは、山口さんと自分の立場が逆だったら……と考えて、一度は僕たちに協力しようとしてくれたのだ。

しかし、その後、連絡が取れなくなってしまったところを見ると、資料を持ち出そうとしたことが会社にばれ、圧力を掛けられてそれに屈してしまったのかもしれない。

それでも、この質問を意識的に使えば、裁判官や相手方を動かすことができるかもしれない。自分の中に希望とやる気がわき上がるのを感じた。今日タカさんに会えて本当によかった。

別れ際、タカさんは「また仕事で日本を離れると思う。裁判がうまくいくよう応援しているよ」と言った。

「ありがとうございます！　頑張ります！」

僕は心細さを振り払うように、大きな声で答えた。

証人尋問へ

拓也さんの奇跡の回復と、過労交通事故という裁判だったことから、この裁判はマスコミにも注目され、新聞やテレビでも取り上げられるようになっていた。

傍聴席が、記者やこの裁判に興味を持った人達で一杯になるようになったころには、書面による双方の主張も出尽くしたと見られた。

次は、いよいよ証人尋問だ。証人尋問は、これまでの書類の提出による裁判とは大きく異なる。法廷に証人を呼び出し、裁判官の前で直接質問をして答えてもらうのだ。

尋問したい証人については、事前に裁判所に申請する必要がある。

僕は、証人として、テンポアドバイザリー社の社長である大野氏と、以前、事務所で話を聞いた事故当時の営業部長で、現執行役員の松本氏を申請した。さらに当事者尋問として、拓也さん本人への質問を、機材を使って病室で行う出張尋問を申請した。

これに対し、テンポアドバイザリー社側は、社長への尋問は不必要だとの意見を出した。また、当事者尋問については、機材を使っての尋問など、有益な証言が得られるとは思えないとして異議を出してきた。そして、拓也さんの直属の上司だった松本氏については、テンポアドバイザリー社側からも申請が出された。

僕は、裁判官に対し、テンポアドバイザリー社は、大野氏のワンマン経営によって過酷な労働状態が常態化していることが疑われるため、社長への尋問の必要性があることを再度主張した。

また、拓也さんへの尋問については**「もし、裁判官が原告の立場だとしたら、結果がどうであれ、自分の最後の言い分を聞いてほしいと思いませんか？」**と質問した。

これは、前回のレッスンで教わった〝質問することにより、裁判官が拓也さんの立場になること〟を狙ったものだ。裁判官に、拓也さんや山口さん夫妻、直美さんの苦しみや無念さを、少しでもわかってほしかった。

裁判所は、最終的に原告側証人として、大野社長、拓也さん本人、双方申請の証人として松本役員の尋問を採用した。

テンポアドバイザリー社側も松本氏を申請したのは、違法な労働はなかったことなどを立証するためであるのは明らかだ。現在は執行役員でもある松本氏が、会社に不利な証言をするはずがないと考えているためだろう。

でも、僕は彼と一度話をして、彼がジレンマに苦しんでいるのを知っている。もしかしたら、本当のことを話してくれるかもしれない。そんな微かな希望にすがったのだ。

逆転の証人尋問

証人尋問が始まった。

最初は、テンポアドバイザリー社の大野社長の尋問だった。

僕は周到に準備した質問を次々としていったが、インペリアル法律事務所の弁護士達による尋問の練習が行われていたのであろう。大野氏は、ふてぶてしい態度で、過労やパワハラ、叱責など、ことごとくこちらの主張を否定していった。

結局、僕は大野氏の主張を崩すことができなかった。

次は松本氏の証人尋問だ。前に事務所で話をした印象では崩せそうにないが……。

「率直に聞きます。今回、山口さんが事故を起こした日、山口さんは過労状態にあったと思いますか？」

「社長から課されるノルマは過酷で、残業をしないととても達成できるものではありませんでした。少なくとも、営業部の社員全員が過労状態にあったと言えると思います」

「え？」

松本氏の最初の答えを聞いて、法廷内がざわついた。大野社長や合田弁護士は、信じられないものを見ているように、口をポカンと開けている。

松本氏は本当のことを話してくれる気になったのだ！

僕は興奮を抑えるために深呼吸し、落ち着いた口調を心掛けて質問を続けていった。

松本氏から、社長による過酷な営業ノルマ、拓也さんの長時間労働の実態、過度の叱責の事実があったことが明らかにされた。

特に事故当日、拓也さんが社長に呼び出され「この業務が終わるまでは帰るな。お前はバイクで来てるんだから、終電は関係ないだろ」などと命令されていたことが証言されると、大野社長は真っ赤になってわなわなと震え出した。

また、今回、裁判の証人として出るにあたり、拓也さんの労働時間について、それほど長時間の残業はなかったことや、業務量を過少に証言することを強要され、さらに『何のために役員にしてやったか、わかっているな?』と言われたという証言がされたときには、あまり感情を表に出さない裁判官の表情も険しいものになった。


僕は最後に、以前、事務所で松本氏に聞いた質問をもう一度聞いた。

「今回の事故の原因は、山口さんにあると思いますか?」

「いいえ」

彼はまっすぐ前を向いて、はっきりと答えた。

「では誰に?」

「会社に。私達に」

法廷内が静まり返った。

「以上で尋問を終わります」

その後、合田弁護士の反対尋問が行われたが、松本氏は主張を曲げることはなかった。


最後は、拓也さんの証人尋問だ。

拓也さんの入院先である病院に、裁判官、書記官、速記官など裁判所の職員、原告被告双方の代理人などが集まって、尋問することになった。口頭で拓也さんに質問し、拓也さんが機材を使って質問に答える方法で行う。

僕は質問を開始した。なるべくゆっくり、聞き取りやすいように話す。

「事故の日のことを覚えていますか？」

一文字ずつゆっくりとだが、拓也さんの言葉が画面越しに紡《つむ》ぎ出される。

「あまり　おもいだせない」

「仕事は辛いものでしたか？」

「はい」

「毎日、何時ごろまで働いていたのですか？」

「2じすぎ　でんしゃないから　ばいくでかよった」

「社長や先輩から叱責されたりしましたか？」

「はい」

「仕事を辞めようとは思わなかったのですか？」

「やめるゆうきなかった」

拓也さんは機材を使って、一問一問に一生懸命答えてくれた。

「最後に、言いたいことはありますか？」

「かぞくに　めいわくかけてわるい
しんでしまえばよかったと　おもうときもあった
けれど　がんばることにした
いきられるうちは　いきていきたい」

心配そうに見守っていた久子さんが涙をぬぐった。

被告代理人は質問しなかった。拓也さんが答えるたびに、裁判官が拓也さんに同情し、不利になっていくのを避けるためだろう。

その後、裁判官から少しだけ質問があり、証人尋問は全て終了した。1年以上に及んだ裁判の判決は、12月25日と申し渡された。

戦いの末に

12月25日午前10時。しんと静まり返った法廷で、僕は裁判官の言葉を待っている。

「主文」

裁判官の読み上げが始まった。法廷内は静まり返った。

「被告は原告に対し、金2億4653万2000円及びこれに対する平成28年10月5日から支払い済みまで年5分の割合による金員を支払え」

傍聴席の久子さんが、こらえていたものを吐き出すようにワッと泣き出した。拓也さんの父親も目を潤ませている。

被告代理人の合田弁護士は、ギュッと口を結んで僕のほうを睨みつけてきたが、僕と目が合うと悔しげに俯いた。大野社長は、この場に姿を現さなかった。

僕は胸に熱いものがこみ上げてくるのを感じた。判決はこちらの請求額をほぼ全額認めている。僕達は戦いに勝ったのだ。

民事訴訟では、基本的に法廷で判決文全部を読み上げることはしないので、主文だけを読み上げて、あとは各々が書記官室で判決書きを受け取って内容を確認することになる。

主文の読み上げが終わって閉廷すると、僕はすぐに書記官室に行った。判決書きを受け取って、その場で立ったまま読み出した。

判決の内容は「原告が慢性的な疲労状態であったことを認め、長時間の過重な労働を原告に課し、注意力が低下していると認められる状態にある原告に対し、バイクを運転する危険性を指摘した上で、公共交通機関を利用することを指示するなどして事故発生を防止すべきだったのに、かえって公共交通機関を利用できない深夜まで残業させ、バイクによる帰宅を指示するなどの安全配慮義務違反が認められる」とされ、テンポアドバイザリー社ないし社長である佐藤氏の過失の程度は重大であるとしていた。

そして、原告の将来介護費についても認められ、原告の両親についても、一人息子である原告が、後遺障害等級1級の障害を負ったことにより、今後、将来にわたり介護を続けていかなければならなくなったこと、介護のために自営していた洋菓子店の営業も困難になったことなどが考慮され、慰謝料が発生していた。

最後に、テンポアドバイザリー社には、過労状態を解消し、再発防止策に取り組むことが命じられていた。

裁判所を出た僕は、記者達に取り囲まれた。

山口さん一家は「過労交通事故を少しでも減らせるための抑止力になれるならば」と、裁判の内容を公表することを望んでいたので、僕はできる範囲で取材に応じた。

その日の夜、タカさんから1通のメールが届いた。


「おめでとう。裁判の結果はネットで見た。本当に君はよく頑張ったと思う。

私達は仕事で日本を離れることになった。また日本に戻ってくるかもわからない。

君に話してから行こうかとも思ったが、どうも私はさよならを言うのは苦手なんだ。

君は成長した。もう私がいなくても自分で自分を高め、学んでいくことができるだろう。

君は、もうそれだけの力を手にした。またどこかで会えることを信じている」


同じ夜、僕は涼子に指輪を渡して、ある質問をした。

テクニックもシナリオも使わなかったけれど、彼女は「はい」と頷いて泣きながら笑った。

第7章の「夢実現へのロードマップ」

- 議論や答弁では冷静になること。自分が何に価値を置いているかということを意識していれば、ついカッとなって余計な一言も発さずに済む。
- 絶対に相手の時間を欲しいときは**【誘導質問】**を使って、自分に時間がもらえる前提で交渉する。
- **【一貫性の法則】**を使って5分だけ時間をもらえれば、その後の時間延長はそれほど難しくない。
- 警戒している相手には答えやすい質問を続けることで、徐々に警戒心を解いてもらってから本題に入る。
- 質問したら、相手が答えるまで沈黙する**【クエスチョン・アンド・サイレンス】**の鉄則を守る。
- 相手を動かすには、目の前の出来事に対する見方を変えてもらう必要がある。そのためには『もし、あなたが〇〇だったら、どう感じるでしょうか？』という質問をする。

エピローグ

5年が経った。拓也さんの裁判は、その後被告側が控訴せず、判決は確定した。

拓也さんは、その後も精力的にリハビリに取り組み、今では自分で車椅子を操作して、山口さん夫妻や直美さんと散歩に出掛けたりもできるようになったという。

松本さんは、あの後、会社を辞めた。今は自分で人材派遣の会社を興して、僕の顧問先になっている。

過労交通事故で被害者が勝訴した珍しいケースとして、ニュースで大きく取り上げられたことから、僕は弁護士としてそこそこ有名になっていた。

全国から問い合わせが来るようになり、一人ではとても対応できなくなったので、アシスタントの弁護士も雇った。レンタルオフィスも出て、今は虎ノ門に弁護士法人を作り、僕の他に2人の弁護士と3人の秘書の体制でやっている。

タカさんがいなくなった後も、ジムには毎週通ってトレーニングをしている。かなり筋肉がついて、体脂肪率は15％前後をキープしている。

その年のゴールデンウィーク。

僕は家族とハワイにいた。両親と涼子と3歳になった娘の凜。大切な人達と一緒に過ごす時間は何物にも代え難い幸福だ。南国の澄んだ青い海と、燦然《さんぜん》と輝く太陽のもとでは、さらにその幸福感が増す。

朝7時、ホテルのジム。

この時間には、ジムにもあまり人がいない。いるのは、朝の運動がすっかり身について、慣れた様子で黙々と日課のトレーニングをこなすタイプの人だけだ。

僕もいつもの手順で軽くストレッチをし、ジムスペースに入った。

ふと、先にラットプルダウンをしている男性の後ろ姿に目をやり、ハッとした。後ろ姿だけで彼が誰なのかわかったからだ。驚きと喜びで胸が一杯になる。

はやる気持ちを抑えて、僕はゆっくりと彼のほうに近づき、声を掛けた。

「あなたとまた会えると、信じていました」

参考文献

『「いい質問」が人を動かす』（谷原誠著／文響社）
『7つの習慣』（スティーブン・R・コヴィー著／ジェームス・スキナー、川西茂訳／キングベアー出版）
『トヨタ生産方式』（大野耐一著／ダイヤモンド社）
『ソクラテスの弁明・クリトン』（プラトン著／久保勉訳／岩波書店）
『珠玉』（開高健著／文藝春秋）＊『掌のなかの海』収録
『こころのチキンスープ』（ジャック・キャンフィールド、マーク・V・ハンセン編著／木村真理、土屋繁樹共訳／ダイヤモンド社）

谷原 誠（たにはら・まこと）
弁護士。1991年、明治大学卒業。1994年、弁護士登録。
みらい総合法律事務所代表パートナー。テレビのニュース番組等の解説でも活躍する。
著書に『「いい質問」が人を動かす』（文響社）、『するどい「質問力」！』（三笠書房）他、多数がある。

装丁　福田和雄（FUKUDA DESIGN）
本文デザイン・DTP　朝日メディアインターナショナル
編集担当　五久保和哉（WAVE出版）

人生を変える「質問力」の教え

思考を深めて、人を動かし、最高の結果を出す方法

2019年7月31日　第1版第1刷発行

著　者　谷原 誠
発行所　WAVE出版
〒102-0074 東京都千代田区九段南 3-9-12
TEL03-3261-3713　FAX03-3261-3823
E-mail:info@wave-publishers.co.jp
http://www.wave-publishers.co.jp

印刷・製本　中央精版印刷

NDC159　239p 19cm　ISBN978-4-86621-228-9